令和6年度予算の説明

この説明及び付表は、国会における予算審議の便に供するため早急に作成したので、計数その他訂正を要する場合もあることを了承されたい。

また、5年度の計数は、特に説明のない限り、補正予算(第1号及び特第1号)による補正後の改予算額(計数の上段に付したかっこ書きは、当初予算額)であり、6年度予算額との比較対照のため、組替え等をしてある。

なお、計数は、原則としてそれぞれ四捨五入によっているので、端数において合計とは合致しないものがある。

(符号:原則として「0」=単位未満、「一」=皆無)

目　　　　次

令和6年度予算の説明

第1 総　　説

1 予算編成の前提となる経済情勢及び財政事情

（1） 経 済 情 勢

　我が国経済は、コロナ禍の3年間を乗り越え、改善しつつある。30年ぶりとなる高水準の賃上げや企業の高い投資意欲など、経済には前向きな動きが見られ、デフレから脱却し、経済の新たなステージに移行する千載一遇のチャンスを迎えている。他方、賃金上昇は輸入価格の上昇を起点とする物価上昇に追い付いていない。個人消費や設備投資は、依然として力強さを欠いている。これを放置すれば、再びデフレに戻るリスクがあり、また、潜在成長率が0%台の低い水準で推移しているという課題もある。このため、政府は、デフレ脱却のための一時的な措置として国民の可処分所得を下支えするとともに、構造的賃上げに向けた供給力の強化を図るため、「デフレ完全脱却のための総合経済対策」（5年11月2日閣議決定）を策定した。その裏付けとなる5年度補正予算を迅速かつ着実に執行するなど、当面の経済財政運営に万全を期す。こうした中、5年度の我が国経済については、実質国内総生産（実質GDP）成長率は1.6%程度、名目国内総生産（名目GDP）成長率は5.5%程度、消費者物価（総合）は3.0%程度の上昇率になると見込まれる。

　6年度については、総合経済対策の進捗に伴い、官民連携した賃上げを始めとする所得環境の改善や企業の設備投資意欲の後押し等が相まって、民間需要主導の経済成長が実現することが期待される。6年度の実質GDP成長率は1.3%程度、名目GDP成長率は3.0%程度、消費者物価（総合）は2.5%程度の上昇率になると見込まれる。ただし、海外景気の下振れリスクや物価動向に関する不確実性、金融資本市場の変動等の影響には十分注意する必要がある。

（付表12「令和6年度経済見通し主要経済指標」参照）

（2） 財 政 事 情

　我が国財政は、債務残高対GDP比が世界最悪の水準にある。高齢化の進行等に伴う社会保障関係費の増加等の構造的な課題に直面しており、加えて、これまでの新型コロナウイルス感染症や物価高騰等への対応に係る累次の補正予算の編成等により、一層厳しさを増す状況にある。こうした中、「経済財政運営と改革の基本方針2023」（5年6月16日閣議決定。以下「骨太方針2023」という。）等に沿った取組を着実に進めていく必要がある。

2 6年度予算編成の基本的考え方

　6年度予算編成に当たっては、「令和6年度予算編成の基本方針」（5年12月8日閣議決定。以下「基本方針」という。）に基づき、次のような基本的考え方に立って編成することとした。（以下基本方針（全文は〔参考〕に掲載）からの抜粋を基本としている。）

（1）　6年度予算は、基本方針における基本的考え方及び骨太方針2023に沿って編成する。足下の物価高に対応しつつ、持続的で構造的な賃上げや、デフレからの完全脱却と民需主導の持続的な成長の実現に向け、人への投資、科学技術の振興及びイノベーションの促進、GX、DX、半導体・AI等の分野での国内投資の促進、海洋、宇宙等のフロンティアの開拓、スタートアップへの支援、少子化対策・こども政策の抜本強化を含む包摂社会の実現など、新しい資本主義の実現に向けた取組の加速や、防災・減災、国土強靱化など、国民の安全・安心の確保、防衛力の抜本

的強化を含む外交・安全保障環境の変化への対応を始めとする重要な政策課題について、必要な予算措置を講ずるなど、メリハリの効いた予算編成を行う。

（２）　その際、骨太方針2023で示された「本方針、骨太方針2022及び骨太方針2021に基づき、経済・財政一体改革を着実に推進する。ただし、重要な政策の選択肢をせばめることがあってはならない」との方針を踏まえる。

（３）　歳出の中身をより結果につながる効果的なものとするため、骨太方針2023を踏まえ、新経済・財政再生計画の改革工程表を改定し、ＥＢＰＭやＰＤＣＡの取組を推進し、効果的・効率的な支出（ワイズスペンディング）を徹底する。

３　６年度一般会計予算の規模等

（１）　一般会計予算の規模

　　６年度一般会計予算の規模は、５年度当初予算額に対して18,095億円（1.6％）減の1,125,717億円となっている。

　　うち一般歳出の規模は、５年度当初予算額に対して49,554億円（6.8％）減の677,764億円となっている。

（付表１「令和６年度一般会計予算の概要」参照）

（２）　一般会計予算と国内総生産

（イ）　一般会計予算の規模を国内総生産と対比すると、次のようになる。

	一般会計（A）	うち一般歳出（B）	国内総生産（C）	（A）／（C）	（B）／（C）
	（億円）	（億円）	（名目・兆円程度）	（％程度）	（％程度）
５　　年　　度	1,143,812	727,317	597.5	19.1	12.2
６　　年　　度	1,125,717	677,764	615.3	18.3	11.0
６年度の対前年度伸率	△　1.6%	△　6.8%	3.0%程度	—	—

（注）　１　５年度の（A）欄及び（B）欄は、当初予算の計数である。
　　　　２　５年度及び６年度の（C）欄は、６年度政府経済見通しによる。（５年度は実績見込み、６年度は見通し）

（ロ）　なお、６年度の政府支出の実質ＧＤＰ成長率に対する寄与度は、0.2％程度となる見込みである。

（３）　一般会計歳入予算

（イ）　租税及印紙収入は、現行法による場合、５年度補正（第１号）後予算額に対して23,570億円増の719,680億円になると見込まれるが、個人所得課税、法人課税等の税制改正を行うこととしている結果、５年度補正（第１号）後予算額に対して30億円（0.0％）減の696,080億円になると見込まれる。

　　また、その他収入は、５年度当初予算額に対して18,035億円（19.4％）減の75,147億円になると見込まれる。

（ロ）　６年度における公債金は５年度当初予算額を1,740億円下回る354,490億円である。

　　公債金のうち65,790億円については、

「財政法」（昭22法34）第４条第１項ただし書の規定により発行する公債によることとし、288,700億円については、「財政運営に必要な財源の確保を図るための公債の発行の特例に関する法律」（平24法101）第３条第１項の規定により発行する公債によることとしている。この結果、６年度予算の公債依存度は31.5％（５年度当初予算31.1％）となっている。

（付表２「令和６年度一般会計歳入歳出予算経常部門及び投資部門区分表」参照）

（単位　億円）

1	租税及印紙収入	
（１）	現行法を６年度に適用する場合の租税及印紙収入	719,680
（２）	税制改正による増△減収見込額	△　23,600
イ	個人所得課税	△　23,050
ロ	法人課税	△　480
ハ	消費課税	△　70

（3） 6年度予算額（1）＋（2）　　　696,080
2　そ　の　他　収　入　　　　　　　75,147
3　公　　債　　金　　　　　　　　354,490
　　合　　　　　　計　　　　　1,125,717

4　分野別の概要

（1）税　制　改　正

　6年度改正については、賃金上昇が物価高に追いついていない国民の負担を緩和し、物価上昇を十分に超える持続的な賃上げが行われる経済の実現を目指す観点から、所得税の定額減税の実施や、賃上げ促進税制の強化等を行う。また、資本蓄積の推進や生産性の向上により、供給力を強化するため、戦略分野国内生産促進税制やイノベーションボックス税制を創設し、スタートアップ・エコシステムの抜本的強化のための措置を講ずる。加えて、グローバル化等を踏まえてプラットフォーム課税の導入等を行う。

（2）社　会　保　障

　社会保障関係費については、5年度当初予算額に対して8,506億円（2.3％）増の377,193億円となっている。経済・物価動向等を踏まえつつ、「経済財政運営と改革の基本方針2021」（3年6月18日閣議決定。以下「骨太方針2021」という。）等における「新経済・財政再生計画」で示された社会保障関係費の実質的な伸びを「高齢化による増加分に相当する伸びにおさめることを目指す」との方針に沿って計上している（年金スライド分を除く高齢化による増3,700億円程度、年金スライド分の増3,500億円程度、消費税増収分を活用した社会保障の充実等による増1,200億円程度）。

　制度別にみると、まず、医療については、医療費の伸び、物価・賃金の動向、医療機関等の収支や経営状況、保険料などの国民負担、保険財政や国の財政に係る状況を踏まえ、6年度診療報酬改定における改定率を＋0.88％（うち、看護職員、リハビリ専門職等の医療関係職種の賃上げに係る特例的な対応＋0.61％、入院時の食費基準額の引上げへの対応＋0.06％、診療所を中心とした管理料、処方箋料等の再編等による効率化・適正化△0.25％、その他＋0.46％（40歳未満の勤務医師・勤務歯科医師・薬局の勤務薬剤師、事務職員、歯科技工所等で従事する者の賃上げ分＋0.28％程度を含む。））としている。また、薬価等改定率については、市場実勢価格を反映する等により△1.00％としている。

　介護については、6年度介護報酬改定において、介護現場で働く者の処遇改善を着実に行いつつ、サービス毎の経営状況の違いも踏まえたメリハリのある対応を行うことで、改定率は全体で＋1.59％（うち、介護職員の処遇改善分＋0.98％）としている。また、第1号保険料負担の在り方に関する見直し等の制度改革を実施することとしている。このほか、「共生社会の実現を推進するための認知症基本法」（令5法65）等に基づき、認知症関連施策の推進に取り組むこととしている。

　障害保健福祉施策については、6年度障害福祉サービス等報酬改定において、障害福祉分野の人材確保のため、介護並びの処遇改善を行うとともに、障害者が希望する地域生活の実現に向けて、介護との収支差率の違いも勘案しつつ、新規参入が増加する中でのサービスの質の確保・向上を図る観点から、経営実態を踏まえたサービスの質等に応じたメリハリのある報酬設定を行うことにより、改定率は全体で＋1.12％としている。

　こども・子育て政策については、「こども未来戦略」（5年12月22日閣議決定）において、予算規模3.6兆円（国・地方の事業費ベース）に及ぶ政策強化の具体策である「こども・子育て支援加速化プラン」（以下「加速化プラン」という。）と、それを安定的に支える財源確保の枠組みが決定された。今後3年間で「加速化プラン」の大宗を実施することとしており、6年度予算においては、「加速化プラン」3.6兆円のうち1.3兆円程度を実現することとしている。

　具体的には、児童手当の抜本的拡充、妊娠・出産時からの支援強化、幼児教育・保育の質の向上等、子ども・子育て拠出金の使途

拡大による放課後児童クラブの常勤職員の配置改善等、児童扶養手当の拡充を含む多様な支援ニーズへの対応、男性育休の取得増等に伴う育児休業給付の増とその財政基盤強化のための国庫負担の本則8分の1への引上げ等を盛り込んでいる。こども家庭庁予算(一般会計と特別会計の純計)として、5年度当初予算額に対して4,728億円増の52,832億円を計上している。

年金については、基礎年金国庫負担(2分の1)等について措置することとしている。その際、足元の物価等の状況を勘案し、6年度の年金額改定率を2.9%と見込んで計上している。

雇用政策については、労働市場改革を推進するため、非正規雇用労働者の処遇改善等、リ・スキリングによる能力向上支援、労働移動の円滑化等を実施することとしている。

（3）　文教及び科学技術

文教及び科学振興費については、教育環境整備や科学技術基盤の充実等を図ることとし、5年度当初予算額に対して558億円(1.0%)増の54,716億円を計上している。

文教予算については、まず、義務教育費国庫負担金において、小学校高学年における教科担任制の前倒し等を図るため、2,050人の定数増を行うほか、小学校5年生の35人以下学級の実現や、通級による指導等のための基礎定数化に伴う645人の定数増を行うこととしている。一方、少子化の進展による基礎定数の自然減4,811人に加え、550人の加配定数の見直しを図るほか、国庫負担金の算定方法の見直し(1,600人相当)を行うこととしている。また、教員業務支援員やスクールカウンセラー等の外部人材の配置を促進することとしている。

高等教育施策については、自ら意欲的に改革に取り組む国立大学を支援するため、国立大学法人運営費交付金について、各国立大学の教育研究組織改革に関する取組における自助努力に関する評価を厳格化するとともに、最も評価の高い取組に対して支援を強化する

こととしている。また、私立大学等については、私立大学等経常費補助における配分の見直し等を通じてメリハリある資金配分を行うこととしている。

科学技術振興費については、科学技術・イノベーションへの投資として、AI・量子分野等の重要分野の研究開発を推進するとともに、基礎研究・若手研究者向け支援の充実等を図ることとしており、5年度当初予算額に対して150億円(1.1%)増の14,092億円を計上している。

（4）　社会資本の整備

公共事業関係費については、安定的な確保を行い、ハード整備に加え、新技術を活用した線状降水帯の予測強化などソフト対策との一体的な取組により、防災・減災、国土強靱化の取組を推進することとしている。

また、持続的な成長に向けた取組として、国際コンテナ戦略港湾等の機能強化などの成長力強化につながるインフラ整備等に重点的に取り組むこととしている。

具体的には、防災・減災効果を効率的に高めるため、災害の危険性の高い地域への住宅支援の引下げや、立地適正化計画の未策定地域への支援措置を見直しつつ、土地利用規制の導入と組み合わせた治水対策や津波・高潮対策等を推進することとしている。

また、水道事業の国土交通省への移管を契機に、上下水道一体による効率的な事業実施に向けた計画策定等を支援する新たな補助事業を創設することとしている。

さらに、船舶の大型化に対応したコンテナターミナルの整備等の集中的実施や、交通渋滞の緩和による迅速・円滑な物流ネットワークの構築等に取り組むこととしている。

これらの結果、6年度の公共事業関係費は、5年度当初予算額に対して、26億円(0.0%)増の60,828億円を計上している。

（5）　経　済　協　力

一般会計ODA予算については、ODA事業量の確保に配慮しつつ、経費の見直しを行い、予算の重点化等のメリハリ付けを図るこ

ととし、5年度当初予算額に対して60億円（1.0%）減の5,650億円を計上している。

具体的には、日本の国益と国際社会の平和と繁栄を効果的に実現するための外交力の強化等に必要な経費を計上している。無償資金協力については、1,562億円を計上し、技術協力（独立行政法人国際協力機構）については、1,481億円を計上している。

（注）経済協力費の一部、例えば国際連合分担金は、経済協力開発機構（OECD）の開発援助委員会（DAC）の規定により、分担金の一定割合部分のみがODAと定義されているため、経済協力費の全額がODA予算となるわけではない。一方、経済協力費以外の主要経費のうち、上記の規定によりODAと定義される部分があり、一般会計ODA予算は、これを加えたものとなっている。

（6）防衛力の整備

防衛省所管の防衛関係費については、4年12月16日の国家安全保障会議及び閣議において決定された「国家安全保障戦略」、「国家防衛戦略」及び「防衛力整備計画」に基づき、統合防空ミサイル防衛能力や機動展開能力の向上等の重点分野を中心に防衛力を抜本的に強化するとともに、防衛力整備の一層の効率化・合理化を徹底することとし、5年度当初予算額に対して11,292億円（16.6%）増の79,172億円を計上している。また、防衛省情報システム関係経費のうちデジタル庁計上分を加えた額は79,496億円となる。

なお、上記の予算額から沖縄に関する特別行動委員会（SACO）最終報告に盛り込まれた措置を実施するために必要な経費（以下「SACO関係経費」という。）116億円並びに「在日米軍の兵力構成見直し等に関する政府の取組について」（18年5月30日閣議決定）及び「平成22年5月28日に日米安全保障協議委員会において承認された事項に関する当面の政府の取組について」（22年5月28日閣議決定）に基づく再編関連措置のうち地元の負担軽減に資する措置を実施するために必要な経費（以下「米軍再編関係経費（地元負担軽減に資する措置）」という。）2,130億円を除いた防衛力整備計画対象経費は、5年度当初予算額に対して11,248億円（17.0%）増の77,249億円となる。

（7）中小企業対策

中小企業対策費については、価格転嫁対策、事業再生・事業承継支援など、現下の中小企業・小規模事業者を取り巻く経営課題に対応するために必要な額を計上する一方、貸出動向等を踏まえた信用保証制度関連予算の減少等により、5年度当初予算額に対して11億円（0.6%）減の1,693億円を計上している。

具体的には、例えば、適切な価格転嫁のため、下請Gメンを増強して取引実態を把握し指導を徹底するほか、「下請かけこみ寺」における相談対応等を実施することとしており、また、「中小企業活性化協議会」における再生計画の策定支援、「事業承継・引継ぎ支援センター」におけるマッチング支援等を実施することとしている。

（8）エネルギー対策

エネルギー対策については、「第6次エネルギー基本計画」（3年10月22日閣議決定）の実現に向けて、徹底した省エネルギーの推進や再生可能エネルギーの最大限の導入と国民負担の抑制の両立に向けた取組をはじめ、エネルギーの安定供給の確保や安全かつ安定的な電力供給の確保等についても取り組むこととしている。

これらの施策を推進する一方、エネルギー対策特別会計の剰余金等の増加を踏まえた繰入額の減少等により、一般会計のエネルギー対策費として、5年度当初予算額に対して210億円（2.5%）減の8,329億円を計上している。

具体的には、再生可能エネルギーや省エネルギーに資する技術の開発・設備等の導入、石油・天然ガス等の資源の探鉱・開発、石油備蓄の維持、石油の生産・流通合理化、原子力防災体制の整備等を推進することとしている。

また、「福島復興の加速のための迅速かつ着実な賠償等の実施に向けて」（5年12月22

日原子力災害対策本部決定）を踏まえ、原子力損害賠償・廃炉等支援機構に交付する交付国債の発行限度額の引上げを行うとともに、中間貯蔵施設費用相当分について同機構に資金交付を行うこととしている。

（9）農林水産業

農林水産関係予算については、食料の安定供給の確保と持続的な生産基盤の確立に向けた施策の推進等の観点から5年度当初予算額に対して3億円（0.0％）増の22,686億円を計上している。

具体的には、食料安全保障の強化に向け、安定的な輸入と適切な備蓄を組み合わせつつ、水田の畑地化支援による麦・大豆など畑作物の生産や肥料・飼料等の国内生産など、輸入依存からの脱却に向けた構造転換を推進することとしている。また、生産者の急減に備え、地域の農業を担う経営体の規模拡大やサービス事業体の育成など、生産基盤の維持・強化を推進するとともに、持続可能な食料システムを構築する観点から、農産物等の適正な価格形成等を推進することとしている。

また、農林水産物・食品の輸出5兆円目標に向け、輸出先国の多角化のための販路拡大や輸出支援プラットフォーム等を通じた現地の商流構築、品目団体による売り込み強化や包材等の規格化等を推進することとしている。

農業の経営所得安定対策等については、農業経営収入保険制度や収入減少影響緩和対策等により担い手の農業経営の安定を図るとともに、水田活用の直接支払交付金等により野菜等の高収益作物への転換や水田の畑地化等を一層推進することとしている。

農業の基盤整備については、生産性・収益性等の向上のための水田の畑地化や農地の大区画化、国土強靱化のための農業水利施設の長寿命化や防災・減災対策等を推進することとしている。

林野関係については、再造林の省力化・低コスト化や間伐・路網整備、流域治水と連携

した治山対策等を推進するとともに、新たな木材需要の創出や林業等の担い手の育成の取組等を推進することとしている。

水産関係については、計画的に資源管理等に取り組む漁業者を対象とした収入安定対策等を実施するとともに、水産業の成長産業化に向けて、多目的漁船の導入等による新たな操業・生産体制への転換等の実証的取組を推進することとしている。また、外国漁船の違法操業等に対する取締り等を実施することとしている。

（10）治安対策

警察活動による治安対策として、警察庁予算は、過去最多の検挙件数を記録したサイバー犯罪の対処能力等を強化しつつ、G7広島サミットの開催に伴う警備対策費用等が減少したため、5年度当初予算額に対して95億円（3.3％）減の2,806億円を計上している。

具体的には、サイバー空間の脅威への対処として、国境を越えて実行されるサイバー犯罪・サイバー攻撃や、不正プログラムを用いた攻撃手法などの新たな脅威に先制的かつ能動的に対処するため、サイバー警察局及びサイバー特別捜査隊の充実強化をはじめとする警察の人的・物的基盤の強化を図るなど、警察組織の総合力を発揮した効果的な対策を推進することとしている。

テロ対策としては、昨今の社会情勢を踏まえた警備対策のほか、テロの未然防止、テロへの対処体制の強化並びに安倍元総理銃撃事件及び岸田総理に対する爆発物使用襲撃事件を踏まえた警護の強化を推進することとしている。また、大規模災害等の緊急事態への対処として、大規模災害対策を推進するほか、国境離島における警備事象等に対処するための資機材の整備等を図るなど、対処能力の向上を図ることとしている。

安全かつ快適な交通の確保については、近年、交通事故死者に占める高齢者の比率が高水準となっているほか、次世代を担うこどものかけがえのない命が犠牲となる痛ましい事故が後を絶たず、交通事故情勢は依然として

厳しい状況にあることから、交通安全施設等を整備するなどの諸施策を行うこととしている。

科学技術を活用するなどした緻密かつ適正な捜査の推進については、科学技術の発達や、情報化社会の発展に伴う犯罪の高度化・複雑化に的確に対処するため、ＤＮＡ型鑑定の一層の推進や、検視、司法解剖等の充実を図ることとしている。

警察基盤の充実強化については、装備資機材、警察施設の整備等を行うこととしている。

再犯防止対策の推進については、法務省予算として、5年度当初予算額に対して4億円（2.9％）増の128億円を計上している。

具体的には、刑務所出所者等の再犯防止対策等を強化するため、施設内処遇として、就労支援体制の充実等を行うとともに、社会内処遇として、保護司、更生保護施設等の民間協力者と協働した「息の長い支援」等を実施するための経費を計上している。

このほか、尖閣諸島周辺海域をはじめとする我が国周辺海域をめぐる状況への対応については、海上保安庁予算として、5年度当初予算額に対して180億円（7.5％）増の2,595億円を計上している。また、海上保安庁情報システム関係経費のうちデジタル庁計上分を加えた額は、5年度当初予算額に対して180億円（7.4％）増の2,611億円となる。

具体的には、「海上保安能力強化に関する方針」（4年12月16日海上保安能力強化に関する関係閣僚会議決定）に基づき、大型巡視船等の整備や、無操縦者航空機等の新技術の積極的な活用などとともに、国内外の関係機関との連携・協力を強化し、我が国の領土・領海の堅守等の諸課題に対応することとしている。

(11)　地　方　財　政

6年度の地方財政については、骨太方針2021等を踏まえ、国の一般歳出の取組と基調を合わせつつ、地方の安定的な財政運営に必要となる一般財源の総額について、3年度の水準を下回らないよう実質的に同水準を確保することとしている。

一般会計から交付税及び譲与税配付金特別会計に繰り入れる地方交付税交付金は、5年度当初予算額に対して4,720億円（2.9％）増の166,543億円、地方交付税交付金と地方特例交付金を合わせた地方交付税交付金等は、5年度当初予算額に対して13,871億円（8.5％）増の177,863億円となっている。

地方交付税交付金については、法人税等の収入見込額は増加する一方で、定額減税に伴い、所得税の収入見込額が減少し、その一定割合である法定率分は1,313億円（0.8％）減の168,188億円となっている。また、一昨年度から引き続き、国と地方の折半により負担する地方の財源不足が生じていないことから、一般会計からの特例加算による地方交付税交付金の増額措置は講じないこととしている。

地方特例交付金については、個人住民税における住宅借入金等特別税額控除による減収額及び個人住民税の定額減税による減収額を補填するために必要な額を計上するほか、「新型コロナウイルス感染症緊急経済対策」（2年4月20日閣議決定）における税制上の措置としての固定資産税の減収額を補填するための新型コロナウイルス感染症対策地方税減収補填特別交付金に必要な額を計上することとしている。

また、交付税及び譲与税配付金特別会計から地方団体に交付される地方交付税交付金（震災復興特別交付税を除く。）については、5年度当初予算額に対して3,060億円（1.7％）増の186,671億円を確保している。

(12)　公　務　員　人　件　費

6年度予算における国家公務員の人件費については、一般会計及び特別会計の純計で、5年度当初予算額に対して998億円（1.9％）増の53,581億円となっている。

具体的には、5年人事院勧告を踏まえた官民較差に基づく国家公務員の給与改定のほか、国家公務員の定年引上げによる退職手当の増加等を反映している。また、行政機関の

定員については、外交・安全保障の強化、人への投資の促進等、内閣の重要課題への対応として政策遂行に不可欠なものに絞り込んだ上で、災害対応等の当面対応を必要とするものは時限定員で措置するなど、メリハリをつけて体制を整備することとしている。その他、定年引上げに際しても新規採用を確保するための特例的な定員等を各府省に別途措置することとしている。

地方公務員についても、国家公務員の給与改定に準じた給与改定を実施するなど、適切な見直しを行うこととしている。

(13) 東日本大震災からの復興

東日本大震災からの復興については、6年度も引き続き、復興のステージに応じた取組を推進するため、被災者支援や住宅再建・復興まちづくり、産業・生業の再生、原子力災害からの復興・再生、創造的復興などのための経費 6,331 億円を東日本大震災復興特別会計に計上している。

(14) 特 別 会 計

6年度においては、特別会計の数は 13 となっている。

なお、特別会計の歳出総額から重複計上分等並びに国債償還費、社会保障給付費、地方交付税交付金等及び財政融資資金への繰入を控除した額は、76,535 億円となっており、さらに、東日本大震災からの復興に関する事業に係る経費を除いた額は、5年度当初予算額に対して 3,393 億円(4.6％)減の 71,029 億円となっている。

(15) 決 算 等 の 反 映

予算の更なる効率化・透明化を図るべく、決算等の反映にこれまでも積極的に取り組んできている。

決算及び決算検査報告等の予算への反映については、決算に関する国会の議決や会計検査院の指摘等を踏まえ、個別の事務・事業ごとに必要性や効率性を洗い直し、その結果を6年度予算に的確に反映している。

また、5年度予算執行調査については、30件の調査を実施し、その調査結果を踏まえ、事業等の必要性、有効性及び効率性について検証を行い、6年度予算に的確に反映している。

さらに、各府省の政策評価・行政事業レビューに示された達成すべき目標、目標を達成するための手段、どの程度目標が達成されたかに関する事後評価等を精査の上、各事業の必要性、効率性又は有効性の観点等から検証を行い、政策評価の結果等を6年度予算に的確に反映している。

Ⅰ 一般会計歳入歳出予算

1 歳入予算対前年度比較表

(単位 千円)

区　　分	6年度予算額	5 年 度 予 算 額		比 較 増 △ 減	
		当　　初	補正(第1号)後	当　　初	補正(第1号)後
租 税 及 印 紙 収 入	69,608,000,000	69,440,000,000	69,611,000,000	168,000,000	△ 3,000,000
官 業 益 金 及 官 業 収 入	55,346,775	50,567,378	50,567,378	4,779,397	4,779,397
政 府 資 産 整 理 収 入	229,410,060	671,064,064	690,617,211	△ 441,654,004	△ 461,207,151
雑 　 収 　 入	7,229,931,587	8,596,604,127	9,339,125,089	△ 1,366,672,540	△ 2,109,193,502
公 　 債 　 金	35,449,000,000	35,623,000,000	44,498,000,000	△ 174,000,000	△ 9,049,000,000
前 年 度 剰 余 金 受 入	—	—	3,391,090,153	—	△ 3,391,090,153
計	112,571,688,422	114,381,235,569	127,580,399,831	△ 1,809,547,147	△15,008,711,409

2 歳出予算主要経費別対前年度比較表

(単位 千円)

事　　項	6年度予算額	5 年 度 予 算 額		比 較 増 △ 減	
		当　　初	補正(第1号)後	当　　初	補正(第1号)後
社 会 保 障 関 係 費					
1 年 金 給 付 費	13,401,996,871	13,085,689,398	13,085,689,398	316,307,473	316,307,473
2 医 療 給 付 費	12,236,598,864	12,151,734,478	12,191,639,803	84,864,386	44,959,061
3 介 護 給 付 費	3,718,779,150	3,680,922,304	3,714,879,763	37,856,846	3,899,387
4 少 子 化 対 策 費	3,382,304,118	3,141,232,662	3,081,319,717	241,071,456	300,984,401
5 生活扶助等社会福祉費	4,491,222,080	4,309,278,757	4,596,890,548	181,943,323	△ 105,668,468
6 保 健 衛 生 対 策 費	444,403,869	455,157,252	1,417,172,603	△ 10,753,383	△ 972,768,734
7 雇 用 労 災 対 策 費	43,996,433	44,657,489	46,176,383	△ 661,056	△ 2,179,950
計	37,719,301,385	36,868,672,340	38,133,768,215	850,629,045	△ 414,466,830
文 教 及 び 科 学 振 興 費					
1 義務教育費国庫負担金	1,562,712,000	1,521,553,000	1,560,087,898	41,159,000	2,624,102
2 科 学 技 術 振 興 費	1,409,224,017	1,394,213,592	4,165,050,956	15,010,425	△ 2,755,826,939
3 文 教 施 設 費	73,217,207	74,257,061	232,368,673	△ 1,039,854	△ 159,151,466
4 教 育 振 興 助 成 費	2,308,618,529	2,305,387,414	2,425,005,315	3,231,115	△ 116,386,786
5 育 英 事 業 費	117,845,786	120,438,087	124,103,395	△ 2,592,301	△ 6,257,609
計	5,471,617,539	5,415,849,154	8,506,616,237	55,768,385	△ 3,034,998,698
国 　 債 　 費	27,009,019,191	25,250,340,249	25,674,763,057	1,758,678,942	1,334,256,134
恩 給 関 係 費	77,130,267	96,966,341	96,882,872	△ 19,836,074	△ 19,752,605
地 方 交 付 税 交 付 金	16,654,311,115	16,182,275,658	16,964,259,489	472,035,457	△ 309,948,374
地 方 特 例 交 付 金	1,132,000,000	216,900,000	216,900,000	915,100,000	915,100,000
防 衛 関 係 費	7,917,176,714	10,168,585,359	12,019,491,033	△ 2,251,408,645	△ 4,102,314,319
下 記 繰 入 除 く	7,917,176,714	6,787,965,446	7,599,835,786	1,129,211,268	317,340,928
防 衛 力 強 化 資 金 繰 入	—	3,380,619,913	4,419,655,247	△ 3,380,619,913	△ 4,419,655,247
公 共 事 業 関 係 費					
1 治山治水対策事業費	954,832,000	954,384,000	1,311,271,510	448,000	△ 356,439,510

事　　項	6年度予算額	5　年　度　予　算　額		比　較　増　△　減	
		当　　　初	補正(第1号)後	当　　　初	補正(第1号)後
2　道路整備事業費	1,671,492,000	1,671,083,000	2,061,757,984	409,000	△　390,265,984
3　港湾空港鉄道等整備事業費	403,734,000	397,584,000	505,995,279	6,150,000	△　102,261,279
4　住宅都市環境整備事業費	730,304,000	730,657,000	975,643,621	△　353,000	△　245,339,621
5　公園水道廃棄物処理等施設整備費	196,806,000	178,362,000	261,847,664	18,444,000	△　65,041,664
6　農林水産基盤整備事業費	607,968,000	607,848,000	862,820,685	120,000	△　254,852,685
7　社会資本総合整備事業費	1,377,105,000	1,400,643,000	1,784,725,611	△　23,538,000	△　407,620,611
8　推　進　費　等	62,338,000	61,938,000	68,288,000	400,000	△　5,950,000
小　　　　計	6,004,579,000	6,002,499,000	7,832,350,354	2,080,000	△　1,827,771,354
9　災害復旧等事業費	78,171,000	77,649,000	480,236,000	522,000	△　402,065,000
計	6,082,750,000	6,080,148,000	8,312,586,354	2,602,000	△　2,229,836,354
経　済　協　力　費	504,106,097	511,374,240	793,351,306	△　7,268,143	△　289,245,209
中　小　企　業　対　策　費	169,316,048	170,376,011	735,380,730	△　1,059,963	△　566,064,682
エ　ネ　ル　ギ　ー　対　策　費	832,920,713	853,964,883	1,028,096,096	△　21,044,170	△　195,175,383
食料安定供給関係費	1,261,795,735	1,265,365,268	1,701,230,506	△　3,569,533	△　439,434,771
そ　の　他　の　事　項　経　費	5,740,243,618	5,800,418,066	10,397,073,936	△　60,174,448	△　4,656,830,318
皇　　　室　　　費	10,141,535	6,708,028	6,708,028	3,433,507	3,433,507
国　　　　　　　会	128,887,134	127,130,881	132,446,172	1,756,253	△　3,559,038
裁　　　判　　　所	330,979,009	322,216,780	326,876,437	8,762,229	4,102,572
会　計　検　査　院	16,282,621	15,824,524	16,224,591	458,097	58,030
内　　　　　　　閣	108,735,345	106,443,244	150,325,198	2,292,101	△　41,589,853
内　　　閣　　　府	664,761,863	673,613,936	2,383,462,976	△　8,852,073	△　1,718,701,113
デ　ジ　タ　ル　庁	496,407,038	495,147,119	667,342,801	1,259,919	△　170,935,763
総　　　務　　　省	281,329,569	303,168,194	976,426,419	△　21,838,625	△　695,096,850
法　　　務　　　省	740,479,227	725,004,143	750,698,384	15,475,084	△　10,219,157
外　　　務　　　省	341,095,084	352,674,768	431,344,333	△　11,579,684	△　90,249,249
財　　　務　　　省	1,045,631,447	1,123,067,534	1,243,323,565	△　77,436,087	△　197,692,118
文　部　科　学　省	212,747,487	214,302,887	245,591,664	△　1,555,400	△　32,844,177
厚　生　労　働　省	234,953,695	225,776,170	337,310,817	9,177,525	△　102,357,122
農　林　水　産　省	213,577,864	210,104,012	217,874,600	3,473,852	△　4,296,736
経　済　産　業　省	123,377,034	121,173,648	1,407,964,139	2,203,386	△　1,284,587,105
国　土　交　通　省	706,030,848	689,796,161	972,780,842	16,234,687	△　266,749,994
環　　　境　　　省	84,826,818	88,266,037	130,372,970	△　3,439,219	△　45,546,152
原油価格・物価高騰対策及び賃上げ促進環境整備対応予備費	1,000,000,000	4,000,000,000	2,000,000,000	△　3,000,000,000	△　1,000,000,000
ウクライナ情勢経済緊急対応予備費	—	1,000,000,000	500,000,000	△　1,000,000,000	△　500,000,000
予　　　備　　　費	1,000,000,000	500,000,000	500,000,000	500,000,000	500,000,000
合　　　　計	112,571,688,422	114,381,235,569	127,580,399,831	△　1,809,547,147	△　15,008,711,409

Ⅱ 特別会計歳入歳出予算

（単位 千円）

会 計 名	6 年 度 予 算 額 歳　入	歳　出	5 年 度 予 算 額 歳　入	歳　出	比 較 増 △ 減 歳　入	歳　出
交付税及び譲与税配付金	52,573,709,171	51,867,147,211	(51,176,962,043) 52,348,578,333	(49,543,612,720) 50,707,229,010	(1,396,747,128) 225,130,838	(2,323,534,491) 1,159,918,201
地 震 再 保 険	113,328,344	113,328,344	108,980,454	108,980,454	4,347,890	4,347,890
国 債 整 理 基 金	225,138,987,191	225,138,987,191	(239,473,695,068) 236,005,037,202	(239,473,695,068) 236,005,037,202	(△14,334,707,877) △ 10,866,050,011	(△14,334,707,877) △ 10,866,050,011
外 国 為 替 資 金	4,462,964,631	1,317,220,070	2,988,136,336	2,419,319,219	1,474,828,295	△ 1,102,099,149
財 政 投 融 資						
財政融資資金勘定	25,896,942,463	25,896,942,463	(23,901,577,207) 15,262,730,477	(23,901,577,207) 15,262,730,477	(1,995,365,256) 10,634,211,986	(1,995,365,256) 10,634,211,986
投 資 勘 定	736,218,929	736,218,929	(1,016,706,610) 1,095,235,402	(1,016,706,610) 989,706,610	(△ 280,487,681) △ 359,016,473	(△ 280,487,681) △ 253,487,681
特定国有財産整備勘定	51,926,765	8,267,084	70,044,264	19,143,745	△ 18,117,499	△ 10,876,661
エ ネ ル ギ ー 対 策						
エネルギー需給勘定	3,006,707,322	3,006,707,322	(2,787,144,057) 4,099,518,104	(2,787,144,057) 4,099,518,104	(219,563,265) △ 1,092,810,782	(219,563,265) △ 1,092,810,782
電源開発促進勘定	390,081,350	390,081,350	(334,457,589) 359,357,280	(334,457,589) 359,357,280	(55,623,761) 30,724,070	(55,623,761) 30,724,070
原子力損害賠償支援勘定	12,599,062,972	12,599,062,972	10,937,846,597	10,937,846,597	1,661,216,375	1,661,216,375
労 働 保 険						
労 災 勘 定	1,260,201,381	1,090,102,586	1,223,192,987	1,069,217,756	37,008,394	20,884,830
雇 用 勘 定	3,610,628,484	3,271,962,877	(3,648,810,293) 3,649,437,987	(3,507,640,185) 3,508,120,117	(△ 38,181,809) △ 38,809,503	(△ 235,677,308) △ 236,157,240
徴 収 勘 定	4,280,263,387	4,280,263,387	4,079,670,577	4,079,670,577	200,592,810	200,592,810
年 　 　 金						
基 礎 年 金 勘 定	30,344,956,289	30,344,956,289	28,854,982,070	28,854,982,070	1,489,974,219	1,489,974,219
国 民 年 金 勘 定	4,244,113,164	4,244,113,164	3,925,803,588	3,925,803,588	318,309,576	318,309,576
厚 生 年 金 勘 定	51,577,228,424	51,577,228,424	50,408,732,452	50,408,732,452	1,168,495,972	1,168,495,972
健 康 勘 定	12,800,894,320	12,800,894,320	12,514,890,322	12,514,890,322	286,003,998	286,003,998
子ども・子育て支援勘定	3,757,248,961	3,757,248,961	(3,344,681,036) 3,435,949,192	(3,344,681,036) 3,435,949,192	(412,567,925) 321,299,769	(412,567,925) 321,299,769
業 務 勘 定	493,929,811	493,929,811	(456,713,640) 456,792,361	(456,713,640) 456,792,361	(37,216,171) 37,137,450	(37,216,171) 37,137,450
食 料 安 定 供 給						
農業経営安定勘定	241,376,484	241,376,484	251,423,994	251,423,994	△ 10,047,510	△ 10,047,510
食 糧 管 理 勘 定	1,128,420,077	1,128,420,077	(1,126,681,445) 1,114,801,701	(1,126,681,445) 1,114,801,701	(1,738,632) 13,618,376	(1,738,632) 13,618,376
農 業 再 保 険 勘 定	99,448,728	95,575,047	(104,411,443) 104,406,935	(104,204,070) 104,199,562	(△ 4,962,715) △ 4,958,207	(△ 8,629,023) △ 8,624,515
漁 船 再 保 険 勘 定	8,056,455	7,007,706	(7,981,883) 7,960,745	(6,924,618) 6,903,480	(74,572) 95,710	(83,088) 104,226
漁 業 共 済 保 険 勘 定	28,805,139	12,452,264	(14,609,838) 14,605,178	(12,883,784) 12,879,124	(14,195,301) 14,199,961	(△ 431,520) △ 426,860
業 務 勘 定	23,415,089	23,415,089	(14,764,808) 14,720,490	(14,764,808) 14,720,490	(8,650,281) 8,694,599	(8,650,281) 8,694,599
国営土地改良事業勘定	7,570,610	7,570,610	(11,129,949) 11,104,433	(11,129,949) 11,104,433	(△ 3,559,339) △ 3,533,823	(△ 3,559,339) △ 3,533,823
国有林野事業債務管理	340,114,714	340,114,714	(344,014,372) 343,032,560	(344,014,372) 343,032,560	(△ 3,899,658) △ 2,917,846	(△ 3,899,658) △ 2,917,846

(単位　千円)

会　計　名	6　年　度　予　算　額		5　年　度　予　算　額		比　較　増　△　減	
	歳　　入	歳　　出	歳　　入	歳　　出	歳　　入	歳　　出
特　　　　　許	236,915,240	152,115,252	218,141,685	145,421,334	18,773,555	6,693,918
自　動　車　安　全						
自動車事故対策勘定	82,519,914	22,271,264	(82,977,698) 84,288,598	(22,404,098) 23,714,998	(△　457,784) △　1,768,684	(△　132,834) △　1,443,734
自動車検査登録勘定	46,307,118	43,596,494	(45,781,164) 45,782,446	(41,272,221) 41,273,503	(525,954) 524,672	(2,324,273) 2,322,991
空　港　整　備　勘　定	394,513,252	394,513,252	392,769,517	392,769,517	1,743,735	1,743,735
東日本大震災復興	633,065,690	633,065,690	(730,138,746) 798,464,800	(730,138,746) 798,464,800	(△　97,073,056) △　165,399,110	(△　97,073,056) △　165,399,110

Ⅲ 政府関係機関収入支出予算

(単位 千円)

機 関 別	6 年 度 予 算 額		5 年 度 予 算 額		比 較 増 △ 減			
	収　　入	支　　出	収　　入	支　　出	収　　入		支　　出	
沖縄振興開発金融公庫	13,679,577	11,088,731	14,089,009	10,030,816	△	409,432		1,057,915
株式会社日本政策金融公庫								
国民一般向け業務	224,240,793	135,916,432	193,168,709	106,855,324		31,072,084		29,061,108
農林水産業者向け業務	53,664,823	51,947,759	43,127,213	40,012,285		10,537,610		11,935,474
中小企業者向け業務	173,821,112	69,797,095	150,005,422	54,217,325		23,815,690		15,579,770
信用保険等業務	310,135,418	845,646,528	300,853,092	849,435,927		9,282,326	△	3,789,399
危機対応円滑化業務	10,576,785	71,133,209	12,484,333	105,937,344	△	1,907,548	△	34,804,135
特定事業等促進円滑化業務	6,505,975	6,505,974	4,087,550	4,087,549		2,418,425		2,418,425
株式会社国際協力銀行	1,760,727,585	1,686,616,712	1,363,395,424	1,329,702,421		397,332,161		356,914,291
独立行政法人国際協力機構有償資金協力部門	161,723,257	182,133,826	152,876,843	145,880,712		8,846,414		36,253,114

第2　一般会計

（A）　歳　　出

社会保障関係費

6年度(百万円)	5年度(百万円)	比較増△減(百万円)
	(36,868,672)	(850,629)
37,719,301	38,133,768	△　414,467

1　年金給付費

6年度(百万円)	5年度(百万円)	比較増△減(百万円)
13,401,997	13,085,689	316,307

　この経費は、「国民年金法」(昭34法141)、「厚生年金保険法」(昭29法115)等に基づく年金給付等に必要な経費である。

　経費の内訳は、次のとおりである。

	6年度(百万円)	5年度(百万円)
国家公務員共済組合連合会等助成費	78,275	77,937
職務上年金給付費年金特別会計へ繰入	0	0
特別障害給付金給付費年金特別会計へ繰入	2,367	2,390
公的年金制度等運営諸費	412,213	524,232
基礎年金拠出金等年金特別会計へ繰入	12,904,738	12,476,942
年金特別会計へ繰入	241,311	278,440
厚生年金保険給付費国庫負担金繰入	221,180	257,065
拠出制国民年金国庫負担金繰入	20,130	21,374
福祉年金等年金特別会計へ繰入	174	130
基礎年金年金特別会計へ繰入	12,663,254	12,198,373
厚生年金基礎年金国庫負担金繰入	10,492,880	10,227,156
国民年金基礎年金国庫負担金繰入	2,170,374	1,971,217
私的年金制度整備運営費	4,404	4,187
計	13,401,997	13,085,689

　その内容の主なものは、次のとおりである。

（1）　基礎年金拠出金等年金特別会計へ繰入

　「国民年金法」(昭34法141)等に基づく基礎年金の国庫負担割合については、消費税増収分等を活用した2分の1への引上げの恒久化等により、厚生年金保険については10,714,060百万円、国民年金については2,190,505百万円を計上している。また、福祉年金等に係る国庫負担金については、174百万円を計上している。

（2）　公的年金制度等運営諸費

　「年金生活者支援給付金の支給に関する法律」(平24法102)に基づき、所得が一定の基準を下回る等の要件を満たす年金受給者に給付金を支給するため、国庫負担金として412,213百万円を計上している。

2　医療給付費

6年度(百万円)	5年度(百万円)	比較増△減(百万円)
	(12,151,734)	(84,864)
12,236,599	12,191,640	44,959

　この経費は、「健康保険法」(大11法70)、「国民健康保険法」(昭33法192)、「高齢者の医療の確保に関する法律」(昭57法80)等に基づく医療保険給付等に必要な経費である。

　経費の内訳は、次のとおりである。

	6年度(百万円)	5年度(百万円)
母子保健衛生対策費	3,555	3,683
児童虐待防止等対策費	4,682	4,484

障害児支援等対策費	5,392	5,384
感染症対策費	3,293	(3,359) 38,715
特定疾患等対策費	146,370	145,010
原爆被爆者等援護対策費	26,523	27,384
医療提供体制基盤整備費	90,498	103,986
医療介護提供体制改革推進交付金	73,299	75,077
医療提供体制設備整備交付金	17,200	28,909
医療保険給付諸費	10,295,969	(10,190,649) 10,195,198
全国健康保険協会保険給付費等補助金	1,137,173	(1,265,782) 1,277,663
全国健康保険協会後期高齢者医療費支援金補助金	101	91
国民健康保険組合療養給付費補助金	176,069	181,514
国民健康保険組合後期高齢者医療費支援金補助金	58,270	58,188
健康保険組合等出産育児一時金臨時補助金	—	7,613
後期高齢者医療給付費等負担金	4,473,405	4,286,873
健康保険組合連合会交付金交付事業費負担金	10,000	—
国民健康保険療養給付費等負担金	1,630,073	1,636,244
国民健康保険後期高齢者医療費支援金負担金	522,986	(527,283) 521,560
後期高齢者医療財政調整交付金	1,448,287	1,392,535
国民健康保険財政調整交付金	563,354	565,064
国民健康保険後期高齢者医療費支援金財政調整交付金	147,090	(148,298) 146,689

国民健康保険保険者努力支援交付金	129,162	121,162
麻薬・覚醒剤等対策費	0	0
生活保護等対策費	1,377,082	1,391,235
障害保健福祉費	283,235	276,561
心神喪失者等医療観察法入院等決定者医療費	18,390	18,319
精神障害者医療保護入院費補助金	203	227
精神障害者措置入院費負担金	5,568	5,330
障害者医療費負担金	259,073	252,684
計	12,236,599	(12,151,734) 12,191,640

その内容の主なものは、次のとおりである。

（1）　特定疾患等対策費

　　「難病の患者に対する医療等に関する法律」（平26法50）及び「児童福祉法」（昭22法164）に基づく地方公共団体が支弁する特定医療費等の国庫負担として、146,370百万円を計上している。

（注）　難病・小児慢性特定疾病対策費としては、この医療給付費に計上されているほか、難病の治療研究を推進し、患者の経済的負担の軽減を図るための従来の医療費助成及び難治性疾患の原因解明、診断・治療法の開発等を促進するための総合的・戦略的な研究開発費等が科学技術振興費等に計上されており、難病・小児慢性特定疾病対策費の総額は160,685百万円となっている。

（2）　原爆被爆者等援護対策費

　　「原子爆弾被爆者に対する援護に関する法律」（平6法117）に基づく原爆被爆者に対する医療の給付として、26,523百万円を計上している。

（3）　医療提供体制基盤整備費

　　「地域における医療及び介護の総合的な確保の促進に関する法律」（平元法64）に基づき、消費税増収分を活用し、地域医療介護総合確保基金（医療分）等を各都道府県等に設置

し、病床機能の分化・連携の推進、病床機能の再編支援及び勤務医の働き方改革の推進等を図るために 90,498 百万円を計上している。

（４） 医療保険給付諸費

（イ） 全国健康保険協会管掌健康保険等

「健康保険法」(大 11 法 70)及び「船員保険法」(昭 14 法 73)に基づく全国健康保険協会の療養給付費等に対する国庫補助等として、1,147,274 百万円を計上している。

（ロ） 国民健康保険

「国民健康保険法」(昭 33 法 192)に基づく市町村等の療養給付費等に対する国庫負担等として、3,227,003 百万円を計上している。

（ハ） 後期高齢者医療

「高齢者の医療の確保に関する法律」(昭 57 法 80)に基づく後期高齢者医療広域連合の療養給付費等に対する国庫負担等として、5,921,692 百万円を計上している。

（５） 生活保護等対策費

「生活保護法」(昭 25 法 144)に基づき、地方公共団体が支弁する医療扶助費及び「中国残留邦人等の円滑な帰国の促進並びに永住帰国した中国残留邦人等及び特定配偶者の自立の支援に関する法律」(平 6 法 30)に基づく医療支援給付金に対する国庫負担として、1,377,082 百万円を計上している。

（６） 障害保健福祉費

「障害者の日常生活及び社会生活を総合的に支援するための法律」(平 17 法 123)等に基づき、地方公共団体が支弁する障害者自立支援医療費等に対する国庫負担等として、283,235 百万円を計上している。

３　介 護 給 付 費

6年度(百万円)	5年度(百万円)	比較増△減(百万円)
	(3,680,922)	(37,857)
3,718,779	3,714,880	3,899

この経費は、「介護保険法」(平 9 法 123)等に基づく介護保険給付等に必要な経費である。

経費の内訳は、次のとおりである。

	6年度(百万円)	5年度(百万円)
生活保護等対策費	84,422	(83,356) 82,475
高齢者日常生活支援等推進費	180,433	193,274
介護保険制度運営推進費	3,453,925	(3,404,292) 3,439,131
全国健康保険協会介護納付金補助金	51	47
国民健康保険組合介護納付金補助金	22,058	22,438
介護職員処遇改善支援補助金	—	(一) 35,075
介護給付費等負担金	2,487,784	2,437,894
国民健康保険介護納付金負担金	179,739	(183,412) 183,228
介護給付費財政調整交付金	658,796	639,972
国民健康保険介護納付金財政調整交付金	50,552	(51,585) 51,533
医療介護提供体制改革推進交付金	34,944	48,944
介護保険保険者努力支援交付金	20,000	20,000
計	3,718,779	(3,680,922) 3,714,880

その内容の主なものは、次のとおりである。

（１） 生活保護等対策費

「生活保護法」(昭 25 法 144)に基づき、地方公共団体が支弁する介護扶助費及び「中国残留邦人等の円滑な帰国の促進並びに永住帰国した中国残留邦人等及び特定配偶者の自立の支援に関する法律」(平 6 法 30)に基づく介護支援給付金に対する国庫負担として、84,422 百万円を計上している。

（２） 高齢者日常生活支援等推進費

介護予防・日常生活支援総合事業や地域包括支援センターの実施体制の確保等を行うこととし、180,433 百万円を計上している。

そのうち、消費税増収分等を活用し、認知症施策や在宅医療・介護連携等を充実することとし、20,699 百万円を計上している。

（３） 介護保険制度運営推進費

「介護保険法」(平9法123)に基づく市町村の介護給付費に対する国庫負担等として、3,453,925百万円を計上している。

そのうち、「地域における医療及び介護の総合的な確保の促進に関する法律」(平元法64)に基づき、消費税増収分を活用し、地域医療介護総合確保基金(介護分)を各都道府県に設置し、介護施設の整備や介護人材の確保等を図るために34,944百万円を計上している。

4 少子化対策費

	6年度(百万円)	5年度(百万円)	比較増△減(百万円)
		(3,141,233)	(241,071)
	3,382,304	3,081,320	300,984

この経費は、「子ども・子育て支援法」(平24法65)等に基づくこども・子育て支援に必要な経費である。

経費の内訳は、次のとおりである。

	6年度(百万円)	5年度(百万円)
子ども・子育て支援年金特別会計へ繰入	2,587,667	(2,465,730) 2,401,849
児童手当年金特別会計へ繰入	1,112,605	(1,028,748) 964,115
子どものための教育・保育給付等年金特別会計へ繰入	1,411,204	1,374,396
地域子ども・子育て支援事業年金特別会計へ繰入	63,859	(62,586) 63,338
児童虐待防止等対策費	143,771	(134,758) 138,725
国立児童自立支援施設	156	156
大学等修学支援費	543,769	531,058
失業等給付費等労働保険特別会計へ繰入(育児休業給付国庫負担金)	106,941	9,531
計	3,382,304	(3,141,233) 3,081,320

また、所管別に区分して示すと、次のとおりである。

	6年度(百万円)	5年度(百万円)
内　閣　府	3,275,363	(3,131,702) 3,071,789
厚生労働省	106,941	9,531
計	3,382,304	(3,141,233) 3,081,320

その内容の主なものは、次のとおりである。

（1）　子ども・子育て支援年金特別会計へ繰入

（イ）　児童手当年金特別会計へ繰入

「児童手当法」(昭46法73)に基づく児童手当については、「こども未来戦略」(5年12月22日閣議決定)に基づき、所得制限の撤廃や高校生年代までの支給期間の延長、多子加算を第3子以降3万円とすることを内容とする抜本的拡充を図り、6年10月から施行することとしている。これを含めた児童手当の支給のために要する費用の国庫負担として、1,112,605百万円を計上している。

（ロ）　子どものための教育・保育給付等年金特別会計へ繰入

「子ども・子育て支援法」(平24法65)に基づく子どものための教育・保育給付の国庫負担等について、消費税増収分等を活用し、子ども・子育て支援新制度における教育・保育の量及び質の充実を図るとともに、幼児教育・保育の無償化の取組を推進することとし、1,411,204百万円を計上している。

（ハ）　地域子ども・子育て支援事業年金特別会計へ繰入

「子ども・子育て支援法」(平24法65)に基づく地域子ども・子育て支援事業に要する費用について、消費税増収分等を活用し、子ども・子育て支援新制度における地域の子ども・子育て支援の量及び質の充実を図ることとし、63,859百万円を計上している。

（2）　児童虐待防止等対策費

「児童虐待防止対策の更なる推進について」(4年9月2日関係閣僚会議決定)等を踏まえ、児童虐待防止対策・社会的養育を迅速かつ強力に推進するための施策を実施すること

とし、消費税増収分等の活用により、143,771百万円を計上している。

（３）　大学等修学支援費

　　高等教育の修学支援新制度（低所得世帯の学生等に対する授業料等減免及び給付型奨学金の支給）について、「こども未来戦略」（5年12月22日閣議決定）に基づき、多子世帯や理工農系の学生等の中間層（世帯年収約600万円まで）に対象を拡大することとし、543,769百万円を計上している。

（４）　失業等給付費等労働保険特別会計へ繰入
　　　（育児休業給付国庫負担金）

　　育児休業給付を支える財政基盤を強化するため、「雇用保険法」（昭49法116）に基づく育児休業給付の支給に要する費用の国庫負担を現行の80分の1から本則の8分の1に引き上げることとし、106,941百万円を計上している。

5　生活扶助等社会福祉費

6年度(百万円)	5年度(百万円)	比較増△減(百万円)
4,491,222	(4,309,279) 4,596,891	(181,943) △ 105,668

　　この経費は、「生活保護法」（昭25法144）に基づく生活扶助等、「障害者の日常生活及び社会生活を総合的に支援するための法律」（平17法123）等に基づく障害者自立支援給付等に必要な経費である。

　　経費の内訳は、次のとおりである。

	6年度(百万円)	5年度(百万円)
母子保健衛生対策費	75,433	(49,928) 53,462
保育対策費	45,852	(45,702) 64,163
子ども・子育て支援年金特別会計へ繰入	32,067	(37,607) 63,297
児童虐待防止等対策費	18,384	(21,491) 33,194
国立児童自立支援施設	838	(787) 948
国立児童自立支援施設整備費	39	(42) 136
母子家庭等対策費	167,139	(166,416) 170,687
障害児支援等対策費	469,004	(448,269) 448,589
こども政策推進費	6,236	(6,518) 22,084
児童福祉施設等整備費	31,614	(36,668) 76,063
国家公務員共済組合連合会等助成費	135	127
特定疾患等対策費	697	(667) 752
原爆被爆者等援護対策費	563	563
医薬品安全対策等推進費	532	505
医療保険給付諸費	141,827	(111,875) 131,936
健康保険事業借入金諸費年金特別会計へ繰入	5,778	5,748
医療費適正化推進費	2,282	(2,271) 2,666
健康増進対策費	18,805	18,293
生活保護等対策費	1,459,922	(1,438,447) 1,447,970
社会福祉諸費	35,497	(34,603) 35,121
独立行政法人国立重度知的障害者総合施設のぞみの園運営費	1,231	1,231
社会福祉施設整備費	4,917	(4,905) 16,706
独立行政法人福祉医療機構運営費	2,982	(3,163) 4,896
障害保健福祉費	1,825,103	(1,721,258) 1,744,264
公的年金制度等運営諸費	6,861	(7,214) 7,216
私的年金制度整備運営費	4	4
高齢者日常生活支援等推進費	4,916	4,993
介護保険制度運営推進費	17,422	(23,694) 124,370
業務取扱費年金特別会計へ繰入	106,360	(107,342) 107,421
独立行政法人国立重度知的障害者総合施設のぞみの園施設整備費	—	(—) 147
国立障害者リハビリテーションセンター費	7,464	(7,673) 8,066

	6年度(百万円)	5年度(百万円)
地方厚生局費	1,318	1,273
計	4,491,222	(4,309,279) 4,596,891

また、所管別に区分して示すと、次のとおりである。

	6年度(百万円)	5年度(百万円)
内 閣 府	846,606	(813,429) 932,623
財 務 省	135	127
厚 生 労 働 省	3,644,481	(3,495,722) 3,664,140
計	4,491,222	(4,309,279) 4,596,891

その内容の主なものは、次のとおりである。

（1） 母子保健衛生対策費

　地方公共団体が行う妊娠時から出産・子育てまで一貫した伴走型相談支援と、妊娠届出・出生届出を行った妊婦等に対する経済的支援の一体的な実施等に必要な経費として、75,433百万円を計上している。

（2） 保 育 対 策 費

　待機児童の解消に向けた「新子育て安心プラン」に基づき、保育の受け皿整備を推進するとともに、保育士・保育現場の魅力向上等の保育人材確保のための総合的な対策等を実施することとし、45,852百万円を計上している。

（3） 子ども・子育て支援年金特別会計へ繰入

　「児童手当法」(昭46法73)等に基づく特例給付等の支給に要する費用の国庫負担等として、32,067百万円を計上している。

（4） 児童虐待防止等対策費

　「児童虐待防止対策の更なる推進について」(4年9月2日関係閣僚会議決定)等を踏まえ、児童虐待防止対策・社会的養育を迅速かつ強力に推進するための施策等を実施することとし、18,384百万円を計上している。

（5） 母子家庭等対策費

　「児童扶養手当法」(昭36法238)に基づき、地方公共団体が生別母子世帯等に対して支給する児童扶養手当給付費の国庫負担等に必要な経費として、167,139百万円を計上している。

（6） 障害児支援等対策費

　「児童福祉法」(昭22法164)に基づき、地方公共団体が支弁する障害児入所給付費等の国庫負担に必要な経費として、469,004百万円を計上している。

（7） 医療保険給付諸費

　医療保険給付諸費については、全国健康保険協会等の事務費に係る国庫負担及び国民健康保険組合が行う出産育児一時金の支給に係る国庫補助等を行うとともに、高齢者医療制度の円滑な運営を図るため、健康保険組合に対する国庫補助等を行うこととし、141,827百万円を計上している。

（8） 健康増進対策費

　「国民健康保険法」(昭33法192)に基づく特定健康診査及び特定保健指導に要する費用の国庫負担等として、18,805百万円を計上している。

（9） 生活保護等対策費

　「生活保護法」(昭25法144)に基づき、地方公共団体が支弁する生活扶助費等及び保護施設の事務費並びに「中国残留邦人等の円滑な帰国の促進並びに永住帰国した中国残留邦人等及び特定配偶者の自立の支援に関する法律」(平6法30)に基づく生活支援給付金等に対する国庫負担並びに生活保護法実施のための指導監査職員の設置に要する国の委託に必要な経費として、1,373,944百万円を計上している。

　このほか、生活困窮者の自立支援等に必要な経費として、85,978百万円を計上している。

（注）　生活保護費は、この生活扶助等社会福祉費のほか、医療扶助費等が医療給付費に、介護扶助費等が介護給付費に計上されており、生活保護費の総額は2,835,447百万円となっている。

	6年度(百万円)	5年度(百万円)
保 護 費	2,792,732	(2,790,100) 2,787,284
生 活 扶 助	824,830	(816,459) 815,466
住 宅 扶 助	491,193	(484,504) 482,946

	6年度(百万円)	5年度(百万円)
教 育 扶 助	6,122	(6,279) 6,524
医 療 扶 助	1,372,939	1,387,157
介 護 扶 助	84,191	(83,131) 82,249
そ の 他	13,458	(12,570) 12,942
保護施設事務費	33,052	(32,023) 33,166
中国残留邦人等に対する生活支援給付金等	7,850	8,010
指導監査職員設置費	1,814	(1,830) 1,857
計	2,835,447	(2,831,963) 2,830,316

(10) 社 会 福 祉 諸 費

　　社会福祉事業に係るサービス提供体制の確保を図るため、社会福祉振興助成事業、社会福祉施設職員等の退職手当共済事業、社会福祉事業施設整備等の貸付事業を行うための借入金等に係る利子の補給事業等を行うこととし、35,497百万円を計上している。

(11) 障 害 保 健 福 祉 費

　　障害者及び障害児の福祉の増進を図るため、自立支援給付、地域生活支援事業、特別障害者手当等の給付等に対する国庫負担等を行うとともに、特別児童扶養手当等の給付等を行うこととし、1,825,103百万円を計上している。

(12) 介護保険制度運営推進費

　　介護保険制度の適切な運営を図るため、高齢者の自立支援・重度化防止等に関する取組の推進、介護施設等における防災対策等の推進等に必要な経費として、17,422百万円を計上している。

(13) 業務取扱費年金特別会計へ繰入

　　「厚生年金保険法」(昭29法115)に基づく厚生年金保険事業の事務に要する費用の財源に充てるため等の年金特別会計業務勘定への繰入れに必要な経費として、106,360百万円を計上している。

6　保健衛生対策費

6年度(百万円)	5年度(百万円)	比較増△減(百万円)
444,404	(455,157) 1,417,173	(△ 10,753) △ 972,769

　　この経費は、「感染症の予防及び感染症の患者に対する医療に関する法律」(平10法114)等に基づく感染症対策等に必要な経費である。

　　経費の内訳は、次のとおりである。

	6年度(百万円)	5年度(百万円)
こども政策推進費	645	645
医療提供体制確保対策費	25,788	(26,564) 36,857
医療従事者等確保対策費	464	462
医療情報化等推進費	1,431	(1,472) 1,667
医療安全確保推進費	1,328	(1,308) 1,564
国立研究開発法人国立がん研究センター運営費	6,816	6,736
国立研究開発法人国立循環器病研究センター運営費	4,396	4,134
国立研究開発法人国立精神・神経医療研究センター運営費	3,879	3,805
国立研究開発法人国立精神・神経医療研究センター施設整備費	1,020	1,514
国立研究開発法人国立国際医療研究センター運営費	6,641	(6,780) 6,879
国立研究開発法人国立成育医療研究センター運営費	4,059	(3,300) 3,647
国立研究開発法人国立成育医療研究センター施設整備費	1,472	(—) 253
国立研究開発法人国立長寿医療研究センター運営費	3,192	2,964
感 染 症 対 策 費	148,668	(149,179) 1,029,045
特定疾患等対策費	6,474	(6,530) 6,830
ハンセン病資料館施設費	588	(837) 2,037

移植医療推進費	3,468	(3,310) 3,337
原爆被爆者等援護対策費	85,434	88,407
血液製剤対策費	498	493
医療技術実用化等推進費	2,994	(1,438) 8,280
医療提供体制基盤整備費	33,094	(32,627) 76,987
地域保健対策費	2,769	2,758
保健衛生施設整備費	3,869	3,601
健康増進対策費	14,958	(14,776) 15,233
健康危機管理推進費	642	608
麻薬・覚醒剤等対策費	467	438
生活衛生対策費	2,992	(3,023) 3,176
自 殺 対 策 費	3,804	(3,612) 5,678
戦没者慰霊事業費	3,343	3,320
障害保健福祉費	3,705	(3,729) 4,355
国際機関活動推進費	1,236	(1,083) 8,467
厚生労働調査研究等推進費	17,058	(16,882) 20,839
国立研究開発法人国立がん研究センター施設整備費	—	246
国立研究開発法人国立国際医療研究センター施設整備費	—	(463) 3,445
国立研究開発法人国立長寿医療研究センター施設整備費	—	269
検 疫 所 費	14,885	(24,233) 24,301
国立ハンセン病療養所費	30,352	(31,506) 31,772
地 方 厚 生 局 費	1,975	(2,104) 2,123
計	444,404	(455,157) 1,417,173

その内容の主なものは、次のとおりである。

（１） 感 染 症 対 策 費

　感染症の発生・まん延の防止を図るため、感染症対策費として、148,668 百万円を計上している。

　そのうち、肝炎対策については、「肝炎対策基本法」（平 21 法 97）等を踏まえ、総合的な肝炎対策を推進するため、肝炎治療に関する医療費助成に必要な経費として、7,000 百万円、肝炎ウイルス検査等に必要な経費として、2,305 百万円（このほか、科学技術振興費等を加え 16,818 百万円）を計上している。

（２） 原爆被爆者等援護対策費

　原爆被爆者等援護対策費については、引き続き、各種手当等の交付等を行うこととし、85,434 百万円を計上している。

（３） 医療提供体制基盤整備費

　医療提供体制基盤整備費については、医療施設等の整備を行うとともに、都道府県の主体的かつ弾力的な事業運営等による医療提供体制の整備を行うこととし、33,094 百万円を計上している。

　そのうち、救命救急センター運営事業、周産期母子医療センター運営事業、ドクターヘリ導入促進事業等の推進を図るため、救急・周産期医療対策等として、26,065 百万円を計上している。

（４） 健康増進対策費

　生活習慣の改善等により健康寿命の延伸等を図るため、健康増進対策費として、14,958 百万円を計上している。

　そのうち、がん対策については、「がん対策基本法」（平 18 法 98）及び「がん対策推進基本計画」（5 年 3 月 28 日閣議決定）を踏まえ、がんの予防・早期発見等を推進することとし、10,304 百万円（このほか、科学技術振興費等に加え、特別会計も含め 35,620 百万円）を計上している。

（５） 国立ハンセン病療養所費

　国立ハンセン病療養所費については、入所者の高齢化等を踏まえた体制の充実等を図るとともに、療養所施設の整備を推進することとし、30,352 百万円を計上している。

7　雇用労災対策費

6年度(百万円)	5年度(百万円)	比較増△減(百万円)
43,996	(44,657) 46,176	(△　　661) △　2,180

この経費は、「雇用保険法」(昭49法116)に基づく失業等給付等に必要な経費である。

経費の内訳は、次のとおりである。

	6年度(百万円)	5年度(百万円)
特定石綿被害建設業務労働者等給付金等支給諸費	248	(295) 285
労働者災害補償保険保険給付費労働保険特別会計へ繰入	7	7
高齢者等雇用安定・促進費	10,873	(11,414) 12,924
失業等給付費等労働保険特別会計へ繰入(失業等給付費等国庫負担金)	19,260	18,972
就職支援法事業費労働保険特別会計へ繰入	6,127	6,425
職業能力開発強化費	5,090	5,057
若年者等職業能力開発支援費	1,256	(1,334) 1,353
障害者等職業能力開発支援費	1,061	1,079
船員雇用促進対策事業費	75	75
計	43,996	(44,657) 46,176

その内容の主なものは、次のとおりである。

（1） 高齢者等雇用安定・促進費

シルバー人材センターの円滑な運営、新卒者の就職支援、就職困難者の就労支援等に必要な経費として、10,873百万円を計上している。

（2） 失業等給付費等労働保険特別会計へ繰入（失業等給付費等国庫負担金）

最近における受給実績等を勘案し、求職者給付、介護休業給付金の支給及びその事務の執行に要する費用に充てるため19,260百万円を計上している。

(注) 失業等給付費等労働保険特別会計へ繰入は、この雇用労災対策費に計上されているほか、育児休業給付の支給に要する費用が少子化対策費に計上されており、総額は126,201百万円となっている。

（3） 就職支援法事業費労働保険特別会計へ繰入

雇用保険を受給できない者に対し、職業訓練を行うとともに訓練期間中の生活支援のための給付等に要する費用に充てるため6,127百万円を計上している。

文教及び科学振興費

6年度(百万円)	5年度(百万円)	比較増△減(百万円)
5,471,618	(5,415,849) 8,506,616	(55,768) △ 3,034,999

1 義務教育費国庫負担金

6年度(百万円)	5年度(百万円)	比較増△減(百万円)
1,562,712	(1,521,553) 1,560,088	(41,159) 2,624

この経費は、「義務教育費国庫負担法」(昭27法303)に基づき、公立義務教育諸学校の教職員給与費等に係る経費について、国がその一部を負担するために必要な経費である。

6年度においては、小学校高学年における教科担任制の前倒し等を図るため、2,050人の定数増を行うほか、小学校5年生の35人以下学級の実現や、通級による指導等のための基礎定数化に伴う645人の定数増を行うこととしている。一方、少子化の進展による基礎定数の自然減4,811人に加え、550人の加配定数の見直しを図るほか、国庫負担金の算定方法の見直し(1,600人相当)を行うこととしている。

2 科学技術振興費

6年度(百万円)	5年度(百万円)	比較増△減(百万円)
1,409,224	(1,394,214) 4,165,051	(15,010) △ 2,755,827

この経費は、将来にわたる持続的な研究開発、重要課題への対応、基礎研究、人材育成など科学技術の振興を図るために必要な経費である。

経費の内訳は、次のとおりである。

	6年度(百万円)	5年度(百万円)
本省等課題対応型研究開発等経費	261,698	(254,818) 725,637
国立研究開発法人等経費	1,116,462	(1,108,255) 3,406,971

	6年度(百万円)		5年度(百万円)
各省等試験研究機関経費	31,064	(31,140)	32,443
計	1,409,224	(1,394,214)	4,165,051

また、所管別に区分して示すと、次のとおりである。

	6年度(百万円)		5年度(百万円)
国　　　　会	1,090		1,090
内　　　　閣	2,725		—
内　閣　府	98,330	(98,025)	194,049
総　務　省	72,486	(70,431)	134,260
財　務　省	966	(969)	1,320
文 部 科 学 省	894,731	(892,007)	1,847,488
厚 生 労 働 省	64,941	(65,732)	73,610
農 林 水 産 省	94,644	(94,548)	107,860
経 済 産 業 省	119,378	(112,172)	1,734,707
国 土 交 通 省	29,847	(29,557)	38,833
環　境　省	30,087	(29,683)	31,831
計	1,409,224	(1,394,214)	4,165,051

その内容の主なものは、次のとおりである。

（１）　本省等課題対応型研究開発等経費

　　本省等における研究開発を推進するための経費として、261,698百万円を計上している。

　　内閣府においては、総合科学技術・イノベーション会議が司令塔機能を発揮し、府省・分野の枠を超えて基礎研究から実用化・事業化までを見据えた研究開発を推進するために必要な経費等を計上している。

　　文部科学省においては、科学技術イノベーションを担う多様な人材の育成や活躍促進を図るための取組、生成ＡＩをはじめとするＡＩ開発力の強化、量子・宇宙・次世代半導体などの研究開発の推進等を行うこととしている。

　　厚生労働省においては、食品安全、労働安全衛生、化学物質対策、危機管理等の国民の安全確保に必要な研究など、科学的知見に基づく施策の推進に必要な研究を行うこととし

ている。

　　農林水産省においては、スマート農業普及のための環境整備、農林漁業者等のニーズに対応する戦略的な研究開発等を行うこととしている。

　　経済産業省においては、新産業創出につながる先進的な研究開発やサイバーセキュリティ対策等を行うこととしている。

　　環境省においては、持続可能な社会の構築のため、気候変動影響評価、環境リスク評価や放射線の健康不安対策等に必要な調査研究等を行うこととしている。

（２）　国立研究開発法人等経費

　　国立研究開発法人等における研究開発を推進するための経費として、1,116,462百万円を計上している。

　　6年度においては、基礎研究をはじめとする研究者の自由な発想に基づく研究を支援するための科学研究費補助金等の配分、スーパーコンピュータ「富岳」の運用等、新型基幹ロケットの研究開発等の取組を推進することとしている。

（３）　各省等試験研究機関経費

　　感染症の予防治療方法、医薬品、食品、化学物質の調査など、各省が所管する試験研究機関における調査・分析、研究開発、研究環境の整備等に必要な経費として、31,064百万円を計上している。

３　文　教　施　設　費

6年度(百万円)	5年度(百万円)	比較増△減(百万円)
	(74,257)	(△　　1,040)
73,217	232,369	△　159,151

　　この経費は、「義務教育諸学校等の施設費の国庫負担等に関する法律」（昭33法81）に基づき、国が負担又は交付金を交付するために必要な経費等である。

　　公立学校施設整備費については、地方公共団体が行う公立小中学校施設の新増築や大規模改修等に要する経費の負担等に必要な経費として、72,786百万円を計上している。

　　経費の事業別及び所管別内訳は、次のとおりである。

	6年度(百万円)	5年度(百万円)
公立学校施設整備費	72,786	(73,718) 229,526
内　閣　府	4,440	5,000
文 部 科 学 省	68,346	(68,718) 224,526
公立学校施設災害復旧費	431	(539) 1,877
文 部 科 学 省	431	(539) 1,877
公立社会教育施設災害復旧費	—	(—) 965
文 部 科 学 省	—	(—) 965
計	73,217	(74,257) 232,369

4　教育振興助成費

6年度(百万円)	5年度(百万円)	比較増△減(百万円)
2,308,619	(2,305,387) 2,425,005	△ (3,231) 116,387

この経費は、こどもの安全対策、教育政策の推進、初等中等教育の振興、高等教育の振興、私立学校教育の振興助成、国立大学法人への助成、スポーツの振興等のために必要な経費である。

経費の内訳は、次のとおりである。

	6年度(百万円)	5年度(百万円)
（内 閣 府 所 管）		
こども安全対策費	1,702	2,032
（文部科学省所管）		
教育政策推進費	43,718	(42,341) 44,467
初等中等教育振興費	518,505	(518,122) 525,241
高等教育振興費	4,430	(5,752) 29,177
独立行政法人大学改革支援・学位授与機構運営費	1,771	1,827
独立行政法人国立高等専門学校機構運営費	62,877	62,800
独立行政法人国立高等専門学校機構施設整備費	2,317	(1,349) 13,089
私立学校振興費	541,669	(537,114) 548,139
国立大学法人施設整備費	23,932	(26,512) 76,430
国立大学法人運営費	1,078,350	(1,078,353) 1,084,868
独立行政法人国立高等専門学校機構船舶建造費	—	(—) 5,106
スポーツ振興費	9,410	(9,254) 11,287
独立行政法人日本スポーツ振興センター運営費	19,939	19,932
独立行政法人日本スポーツ振興センター施設整備費	—	(—) 610
計	2,306,917	(2,303,356) 2,422,974
合　　　計	2,308,619	(2,305,387) 2,425,005

その内容の主なものは、次のとおりである。

（1）　こども安全対策費

こども安全対策費については、独立行政法人日本スポーツ振興センターが行う学校の管理下における児童生徒等の災害に対する共済給付事業に要する経費として、1,702百万円を計上している。

（2）　教育政策推進費

教育政策推進費については、在外教育施設教員派遣事業等の海外で学ぶ児童生徒等に対する教育、成長分野の中核を担う専門人材養成や放送等による大学教育の推進等の生涯を通じた学習機会の拡大、学校・家庭・地域の連携協力推進事業等の家庭・地域の教育力の向上等を行うため、所要の経費を計上している。

教育政策推進費の内訳は、次のとおりである。

	6年度(百万円)	5年度(百万円)
客観的根拠に基づく教育政策立案の推進	4,144	(4,384) 4,444
海外で学ぶ児童生徒等に対する教育	18,000	(17,972) 18,028
教育人材の養成・確保	581	(242) 724
生涯を通じた学習機会の拡大	10,000	(10,107) 11,175
家庭・地域の教育力の向上	7,815	(7,863) 7,863

	6年度(百万円)	5年度(百万円)
男女共同参画・共生社会の実現及び学校安全の推進	3,177	(1,772) 2,232
計	43,718	(42,341) 44,467

（3） 初等中等教育振興費

（イ） 確かな学力の育成については、義務教育諸学校の児童生徒が使用する教科用図書の無償給与、教員の事務負担軽減等に資する補習等指導員等派遣事業等を行うため、所要の経費を計上している。

（ロ） 豊かな心の育成については、道徳教育総合支援事業、いじめ対策・不登校支援等総合推進事業等を行うため、所要の経費を計上している。

（ハ） 健やかな体の育成については、学校保健及び食育の推進を図るため、所要の経費を計上している。

（ニ） 信頼される学校づくりについては、学校問題を解決するための支援体制構築事業等を行うため、所要の経費を計上している。

（ホ） 学校施設の整備推進については、多様化する学習内容・方法等に対応するため、所要の経費を計上している。

（ヘ） 教育機会の確保については、高校生等への修学支援、へき地学校の通学用バスの購入等を行うため、所要の経費を計上している。

（ト） 幼児教育の振興については、幼保小の架け橋プログラム事業、教育支援体制整備事業等を行うため、所要の経費を計上している。

（チ） 特別支援教育の推進については、特別支援教育充実事業、特別支援学校及び特別支援学級の児童生徒等の保護者等の経済的負担の軽減等を行うため、所要の経費を計上している。

初等中等教育振興費の内訳は、次のとおりである。

	6年度(百万円)	5年度(百万円)
確かな学力の育成	61,401	(57,637) 57,844
豊かな心の育成	9,075	(8,854) 13,985
健やかな体の育成	634	(660) 843
信頼される学校づくり	390	360
学校施設の整備推進	265	272
教育機会の確保	427,237	431,242
幼児教育の振興	1,779	(1,799) 3,396
特別支援教育の推進	17,723	17,299
計	518,505	(518,122) 525,241

（4） 高等教育振興費

高等教育振興費については、大学改革を促進させるため、教育研究に関する優れた取組を行う大学等に対して重点的に支援することとし、4,430百万円を計上している。

（5） 私立学校振興費

私立学校振興費については、配分の見直し等を通じて、教育研究の質の向上や経営改革に取り組む私立大学等に対し重点的に支援することとし、所要の経費を計上している。

（イ） 私立大学等経常費補助については、配分の見直し等を通じて、私立大学等の経営改革を促しつつ、運営に必要な経常費に所要の助成を行うとともに、各大学等の特色ある取組に応じた支援を行うこととし、所要の経費を計上している。

（ロ） 私立高等学校等経常費助成費等補助については、各都道府県による私立高等学校等への助成の一部等を補助することとし、所要の経費を計上している。

（ハ） 私立学校施設整備費補助については、私立学校の教育に必要な施設の整備や防災機能の強化等のため、所要の経費を計上している。

（ニ） 私立大学等研究設備整備費等補助については、私立大学等の教育設備・研究設備の高度化や私立高等学校等の情報通信教育の充実等のため、所要の経費を計上してい

（ホ）　このほか、日本私立学校振興・共済事業団補助等について、所要の経費を計上している。

私立学校振興費の内訳は、次のとおりである。

	6年度(百万円)	5年度(百万円)
日本私立学校振興・共済事業団補助	145,594	140,623
私立大学等研究設備整備費等補助	2,981	(2,470) 2,770
私立大学等経常費補助	285,504	(285,384) 285,455
私立高等学校等経常費助成費等補助	101,232	(102,015) 102,169
私立学校施設整備費補助	5,729	(6,094) 16,032
その他	628	(528) 1,089
計	541,669	(537,114) 548,139

（6）　国立大学法人施設整備費

国立大学法人施設整備費については、国立大学等における教育研究施設の整備を着実に推進することとし、23,932百万円を計上している。

（7）　国立大学法人運営費

国立大学法人運営費については、大学改革のインセンティブとなるようメリハリを強化するため、教育研究組織の改革に関する取組における自助努力に関する評価を厳格化するとともに、最も評価の高い取組に対して支援を強化することとし、1,078,350百万円を計上している。

（8）　スポーツ振興費

（イ）　共生社会及び多様な主体によるスポーツ参画の実現については、運動部活動の地域連携・地域移行の推進等を行うため、所要の経費を計上している。

（ロ）　競技力向上体制の構築については、ナショナルトレーニングセンター競技別強化拠点機能強化事業等を行うため、所要の経費を計上している。

（ハ）　スポーツを支える基盤の強化については、スポーツ×テクノロジー活用推進事業等を行うため、所要の経費を計上している。

（ニ）　スポーツを通じた社会課題解決の推進については、スポーツオープンイノベーションプラットフォーム推進事業等を行うため、所要の経費を計上している。

スポーツ振興費の内訳は、次のとおりである。

	6年度(百万円)	5年度(百万円)
共生社会及び多様な主体によるスポーツ参画の実現	5,669	(5,250) 7,283
競技力向上体制の構築	2,884	3,059
スポーツを支える基盤の強化	140	223
スポーツを通じた社会課題解決の推進	716	722
計	9,410	(9,254) 11,287

（注）　国際競技力の向上に関する経費としては、このスポーツ振興費に計上されているほか、独立行政法人日本スポーツ振興センター運営費のうち競技力向上事業に要する経費10,206百万円を計上している。

5　育英事業費

6年度(百万円)	5年度(百万円)	比較増△減(百万円)
117,846	(120,438) 124,103	(△　2,592) △　6,258

この経費は、経済的理由により修学に困難がある優れた学生等に対し、学資の貸与及び支給を行う独立行政法人日本学生支援機構に対する無利子貸与資金の貸付、貸与資金に係る利子補給金、貸与資金の返還免除及び回収不能債権の処理に要する経費の補助等である。

育英資金貸付金については、貸与基準を満たす希望者全員への貸与を確実に実施するため、97,434百万円を計上している。

育英資金利子補給金については、財政融資資金等を原資とする無利子奨学金に係る利子補給金として112百万円を計上している。

育英資金返還免除等補助金については、貸与資金に係る返還免除及び回収不能債権の処理に

要する経費について、所要の経費を計上している。

経費の内訳は、次のとおりである。

	6年度(百万円)	5年度(百万円)
育英資金返還免除等補助金	3,696	4,022
奨学金業務システム開発費補助金	—	(—) 2,440
育英資金利子補給金	112	(126) 93
育英資金貸付金	97,434	100,304
小　　計	101,241	(104,451) 106,859
独立行政法人日本学生支援機構運営費	16,604	15,885
独立行政法人日本学生支援機構施設整備費	—	(102) 1,360
計	117,846	(120,438) 124,103

国　債　費

6年度(百万円)	5年度(百万円)	比較増△減(百万円)
27,009,019	(25,250,340) 25,674,763	(1,758,679) 1,334,256

この経費は、公債の償還及び利子の支払に必要な経費と、公債の償還及び発行に関する諸費を国債整理基金特別会計へ繰り入れるもの等である。

（1）　債務償還費

	6年度(百万円)	5年度(百万円)
公債等償還	16,996,106	(16,446,577) 17,761,305
定率繰入分	16,276,290	15,722,797
社会資本整備事業特別会計整理収入等相当額繰入分	30,357	36,474
年金特例公債償還分	260,000	260,000
予算繰入分	429,458	427,306
決算剰余金繰入分	—	(—) 1,314,728
借入金償還	299,572	309,491
定率繰入分	130,789	140,132
予算繰入分	168,782	169,359
計	17,295,678	(16,756,068) 18,070,796

この経費は、前年度期首公債及び借入金総額の100分の1.6に相当する額（定率繰入分）、「日

本電信電話株式会社の株式の売払収入の活用による社会資本の整備の促進に関する特別措置法」(昭62法86)及び「特別会計に関する法律等の一部を改正する等の法律」(平25法76)に基づく社会資本整備事業特別会計整理収入等に相当する額(社会資本整備事業特別会計整理収入等相当額繰入分)、年金特例公債の償還財源に充てるための額(年金特例公債償還分)並びにその他公債等の償還に必要とされる額を計上するものである。

（2）　利子及割引料

	6年度(百万円)	5年度(百万円)
公債利子等	9,605,013	(8,386,497) 7,535,324
年金特例公債利子	15,250	(14,194) 5,062
借入金利子	10,725	11,593
財務省証券利子	60,000	(60,000) 30,000
計	9,690,988	(8,472,283) 7,581,978

この経費は、公債、年金特例公債、借入金、財務省証券等の利子の支払に必要な経費である。

（3）　国債事務取扱費

6年度(百万円)	5年度(百万円)
22,354	21,989

この経費は、公債等の償還及び発行に関する諸費及び事務費である。

恩　給　関　係　費

6年度(百万円)	5年度(百万円)	比較増△減(百万円)
77,130	(96,966) 96,883	(△　19,836) △　19,753

（1）　文官等恩給費

6年度(百万円)	5年度(百万円)
4,336	(4,847) 4,826

この経費は、国会議員互助年金、文官等恩給及び文化功労者年金の支給に必要な経費であり、新規裁定による増加や失権による減少等を織り込んで所要経費を算定し、4,336百万円を計上している。

経費の内訳は、次のとおりである。

種　別	支給人員(人)		金　額(百万円)	
	6 年 度	5 年 度	6 年 度	5 年 度
国会議員互助年金	560	600	1,548	1,668
文官等恩給費	1,655	2,178	1,816	2,202
文化功労者年金	278	(279) 273	973	(977) 956
計	2,493	(3,057) 3,051	4,336	(4,847) 4,826

（２）　旧軍人遺族等恩給費

6年度(百万円)	5年度(百万円)
66,586	85,194

　この経費は、旧軍人及びその遺族等に対する恩給支給に必要な経費であり、新規裁定による増加や失権による減少等を織り込んで所要経費を算定し、66,586百万円を計上している。

　経費の内訳は、次のとおりである。

種　別	支給人員(千人)		金　額(百万円)	
	6 年 度	5 年 度	6 年 度	5 年 度
普通扶助料	78	103	50,756	64,187
公務関係扶助料	7	9	12,336	16,171
その他	5	7	3,495	4,836
計	90	120	66,586	85,194

（３）　恩給支給事務費

6年度(百万円)	5年度(百万円)
595	(671) 520

　この経費は、国会議員互助年金、文官等恩給並びに旧軍人及びその遺族等に対する恩給の支給事務等を処理するために必要な経費である。

（４）　遺族及び留守家族等援護費

6年度(百万円)	5年度(百万円)
5,612	(6,255) 6,343

　この経費は、「戦傷病者戦没者遺族等援護法」（昭27法127）に基づく遺族年金等の支給、「戦傷病者特別援護法」（昭38法168）に基づく療養の給付、「中国残留邦人等の円滑な帰国の促進並びに永住帰国した中国残留邦人等及び特定配偶者の自立の支援に関する法律」（平6法30）に基づく中国残留邦人等に対する一時金の支給等

に必要な経費である。

（イ）　遺族及留守家族等援護費については、遺族年金や障害年金等の支給並びに療養の給付について最近の実績を基礎として見込み、4,431百万円を計上している。

（ロ）　中国残留邦人等支援事業費については、永住帰国した中国残留邦人等に対する一時金の支給等の支援策を実施することとし、1,181百万円を計上している。

　経費の内訳は、次のとおりである。

	6年度(百万円)	5年度(百万円)
戦傷病者戦没者遺族年金等	3,422	(4,244) 4,321
遺族年金	1,067	(1,448) 1,370
遺族給与金	940	(1,088) 1,026
障害年金	847	(1,032) 977
その他	567	(676) 948
戦傷病者等療養給付	223	(219) 225
特別給付金等支給事務費	786	737
中国残留邦人等支援事業費	1,181	(1,054) 1,060
戦傷病者等無賃乗車船等負担金	1	1
計	5,612	(6,255) 6,343

地方交付税交付金等

6年度(百万円)	5年度(百万円)	比較増△減(百万円)
17,786,311	(16,399,176) 17,181,159	(1,387,135) 605,152

1　地方交付税交付金

6年度(百万円)	5年度(百万円)	比較増△減(百万円)
16,654,311	(16,182,276) 16,964,259	(472,035) △ 309,948

　この経費は、所得税、法人税、酒税及び消費税の収入額のそれぞれ一定割合の額を、地方交付税交付金として、交付税及び譲与税配付金特別会計を通じて地方団体に交付するために必要な経費である。

　6年度においては、各税の収入見込額の一定割合（所得税及び法人税にあっては100分の

33.1、酒税にあっては100分の50並びに消費税にあっては100分の19.5）に相当する額16,818,766百万円から、20年度、21年度、28年度、元年度及び2年度の地方交付税の精算額のうち「地方交付税法」（昭25法211）等に基づき、6年度分の地方交付税の総額から減額することとされている額513,255百万円を控除し、加算することとされている額348,800百万円を加えた額16,654,311百万円を地方交付税交付金として計上している。

2 地方特例交付金

6年度(百万円)	5年度(百万円)	比較増△減(百万円)
1,132,000	216,900	915,100

この経費は、交付税及び譲与税配付金特別会計を通じて、地方公共団体に対し地方特例交付金及び新型コロナウイルス感染症対策地方税減収補塡特別交付金を交付するために必要な経費である。

（1） 地方特例交付金財源の交付税及び譲与税配付金特別会計繰入

「地方特例交付金等の地方財政の特別措置に関する法律」（平11法17）に基づき、個人住民税における住宅借入金等特別税額控除による減収額及び個人住民税の定額減税による減収額を補塡するため、地方特例交付金を交付税及び譲与税配付金特別会計を通じて地方公共団体に交付することとし、1,120,800百万円を計上している。

（2） 新型コロナウイルス感染症対策地方税減収補塡特別交付金財源の交付税及び譲与税配付金特別会計繰入

「地方税法」（昭25法226）に基づき、「新型コロナウイルス感染症緊急経済対策」（2年4月20日閣議決定）における税制上の措置として生じた固定資産税の収入の減少に伴う地方公共団体の減収額を補塡するため、新型コロナウイルス感染症対策地方税減収補塡特別交付金を交付税及び譲与税配付金特別会計を通じて地方公共団体に交付することとし、11,200百万円を計上している。

（参考）地方財政

6年度の地方財政については、骨太方針2021等を踏まえ、国の一般歳出の取組と基調を合わせつつ、地方の安定的な財政運営に必要となる一般財源の総額について、3年度の水準を下回らないよう実質的に同水準を確保することとしている。

歳出においては、人事委員会勧告に伴う給与改定、会計年度任用職員への勤勉手当の支給等に係る所要の経費を計上することとしている。また、「加速化プラン」実施に必要な経費を計上しているほか、地域独自のこども・子育て施策実施のため、一般行政経費を100,000百万円増額することとしている。さらに、新型コロナウイルスワクチンの定期接種化に伴い、一般行政経費を45,000百万円増額することとしている。

歳入においては、6年度に地方団体に交付される地方交付税の総額は、一般会計から交付税及び譲与税配付金特別会計に繰り入れられる地方交付税交付金16,654,311百万円に、地方法人税の税収の全額から28年度地方法人税決算精算額を控除した額1,974,976百万円、5年度における地方交付税交付金の未交付額484,263百万円、同特別会計の剰余金の活用額等を加算した額から、同特別会計において6年度に行う借入金の償還額500,000百万円及び同特別会計の借入金等利子負担額196,500百万円を控除した額18,667,054百万円（5年度当初予算比305,951百万円、1.7％増）となっている。

地方税については、賃金上昇が物価高に追いついていない国民の負担を緩和し、物価上昇を十分に超える持続的な賃上げが行われる経済の実現を目指す観点から、個人住民税の定額減税の実施や、賃上げ促進税制の強化等を行うこととしている。

地方債については、6年度の地方債計画において、引き続き厳しい地方財政の状況の下で、地方財源の不足に対処するための措置を講じ、また、地方公共団体が緊急に実施する防災・減災対策、公共施設等の適正管理、地域の脱炭素化、こども・子育て支援、地域の活性化への取組等を着実に推進できるよう、所要の地方債資金の確保を図ることとし、総額は9,219,123百

万円(5年度当初地方債計画 9,499,397 百万円)となっている。このうち、臨時財政対策債については、454,423 百万円(5 年度当初地方債計画 994,597 百万円)であり、過去最少となっている。

　また、地方債に充てる資金については、地方公共団体ごとの資金調達能力及び資金使途に着目した公的資金の重点化方針を維持することに加えて、住民生活に密着した社会資本整備等を推進するため、地方公共団体の円滑な資金調達に配慮し、財政融資資金 2,325,800 百万円(5 年度当初地方債計画 2,423,800 百万円)、地方公共団体金融機構資金 1,615,700 百万円(5 年度当初地方債計画 1,641,900 百万円)を予定している。

(単位　百万円)

区　分	6　年　度	5　年　度	比較増△減
所 得 税 収 入 見 込 (イ)	17,905,000	21,048,000	△　3,143,000
地 方 交 付 税 の 率 (ロ)	$\frac{33.1}{100}$	$\frac{33.1}{100}$	
(イ) × (ロ) (ハ)	5,926,555	6,966,888	△　1,040,333
法 人 税 収 入 見 込 (ニ)	17,046,000	14,602,000	2,444,000
地 方 交 付 税 の 率 (ホ)	$\frac{33.1}{100}$	$\frac{33.1}{100}$	
(ニ) × (ホ) (ヘ)	5,642,226	4,833,262	808,964
酒 税 収 入 見 込 (ト)	1,209,000	1,180,000	29,000
地 方 交 付 税 の 率 (チ)	$\frac{50}{100}$	$\frac{50}{100}$	
(ト) × (チ) (リ)	604,500	590,000	14,500
消 費 税 収 入 見 込 (ヌ)	23,823,000	23,384,000	439,000
地 方 交 付 税 の 率 (ル)	$\frac{19.5}{100}$	$\frac{19.5}{100}$	
(ヌ) × (ル) (ヲ)	4,645,485	4,559,880	85,605
過 年 度 精 算 額 (ワ)	△　513,255	△　783,154	269,899
法 定 加 算 等 (カ)	348,800	15,400	333,400
特 例 加 算 (ヨ)	―	―	―
合 計 (タ)	16,654,311	16,182,276	472,035

(ハ)+(ヘ)+(リ)+(ヲ)+
(ワ)+(カ)+(ヨ)

(参　考)

交付税及び譲与税配付金特別会計

区　分	6　年　度	5　年　度	比較増△減
地 方 法 人 税 (レ)	1,975,000	1,891,900	83,100
地方法人税過年度精算額 (ソ)	△　24	△　24	―
剰 余 金 活 用 (ツ)	50,000	120,000	△　70,000
返 還 金 (ネ)	5	1	4
機 構 準 備 金 活 用 (ナ)	200,000	100,000	100,000
借 入 金 償 還 額 (ラ)	△　500,000	△　1,300,000	800,000
借 入 金 等 利 子 (ム)	△　196,500	△　57,200	△　139,300
地 方 交 付 税 交 付 金 (ウ)	18,182,792	16,936,952	1,245,840

(タ)+(レ)+(ソ)+(ツ)+
(ネ)+(ナ)+(ラ)+(ム)

前年度における地方交付税交付金の未交付額 (ヰ)	484,263	1,424,151	△　939,888

区　　分	6　年　度	5　年　度	比較増△減
地方団体に交付すべき地方交付税交付金の総額（ノ）（ウ）＋（ヰ）	18,667,054	18,361,103	305,951

（注）　5年度の計数は、5年度地方財政計画による。

防 衛 関 係 費

6年度(百万円)	5年度(百万円)	比較増△減(百万円)
	(10,168,585)	(△ 2,251,409)
7,917,177	12,019,491	△ 4,102,314

　この経費は、自衛隊の管理・運営及びこれに関する事務、条約に基づく外国軍隊の駐留並びに防衛力強化資金への繰入れ等に関するものとして計上される経費である。

　この経費を所管別に区分して示すと、次のとおりである。

	6年度(百万円)	5年度(百万円)
防 衛 省	7,917,177	(6,787,965) 7,599,836
財 務 省	—	(3,380,620) 4,419,655
合　　計	7,917,177	(10,168,585) 12,019,491

以下、所管別に説明する。

1　防衛省所管

6年度(百万円)	5年度(百万円)	比較増△減(百万円)
	(6,787,965)	(1,129,211)
7,917,177	7,599,836	317,341

（注）　上記の予算額に防衛省情報システム関係経費のうちデジタル庁計上分を加えた7,949,604百万円から、ＳＡＣＯ関係経費及び米軍再編関係経費(地元負担軽減に資する措置)を除いた6年度防衛力整備計画対象経費は、7,724,933百万円である。

　防衛省所管の防衛関係費については、4年12月16日の国家安全保障会議及び閣議において決定された「国家安全保障戦略」、「国家防衛戦略」及び「防衛力整備計画」に基づき、統合防空ミサイル防衛能力や機動展開能力の向上等の重点分野を中心に防衛力を抜本的に強化するとともに、防衛力整備の一層の効率化・合理化を徹底することとし、ＳＡＣＯ関係経費及び米軍再編関係経費(地元負担軽減に資する措置)を含め、所要の経費を計上している。

　経費の内訳は、次のとおりである。

	6年度(百万円)	5年度(百万円)
防 衛 本 省	7,519,330	(6,431,084) 7,242,973
地 方 防 衛 局	22,441	(21,820) 21,592
防 衛 装 備 庁	375,405	(335,062) 335,270
計	7,917,177	(6,787,965) 7,599,836
うちＳＡＣＯ関係経費	11,626	11,489
うち米軍再編関係経費(地元負担軽減に資する措置)	213,045	(210,261) 527,119

（1）防 衛 本 省

6年度(百万円)	5年度(百万円)
	(6,431,084)
7,519,330	7,242,973

　この経費は、防衛本省の業務の遂行に要する経費である。

　経費の内訳は、次のとおりである。

	6年度(百万円)	5年度(百万円)
防衛本省共通費	795,868	(793,719) 793,834
人 件 費	550,678	(553,614) 553,683
旅 費	11,292	(9,816) 9,835
庁 費	8,892	(9,539) 9,571
被 服 費	20,148	(15,481) 15,484
糧 食 費	40,757	38,705
そ の 他	164,100	(166,564) 166,556
防衛本省施設費	2,823	(3,130) 3,373
旅 費	1	1

	6年度	5年度
庁　　　　費	56	(125) 368
施　設　費	2,766	3,005
自衛官給与費	1,506,525	(1,471,768) 1,473,601
防衛力基盤強化 推進費	862,352	(806,601) 813,924
うちSACO 関係経費	9,907	9,784
うち米軍再編 関係経費(地 元負担軽減に 資する措置)	43,337	(43,970) 50,159
防衛力基盤強化 施設整備費	282,217	(219,912) 360,174
武器車両等整備 費	1,551,850	(1,117,142) 1,294,638
艦船整備費	280,970	246,703
艦船建造費	209,540	(188,827) 252,428
航空機整備費	1,630,693	(1,192,672) 1,300,628
在日米軍等駐留 関連諸費	391,899	(386,223) 699,302
うちSACO 関係経費	1,719	1,706
うち米軍再編 関係経費(地 元負担軽減に 資する措置)	169,709	(166,291) 476,960
独立行政法人駐 留軍等労働者労 務管理機構運営 費	4,070	3,798
安全保障協力推 進費	522	(588) 568
計	7,519,330	(6,431,084) 7,242,973

これを陸上、海上及び航空の各自衛隊等機関別に区分すれば、次のとおりである。

	6年度(百万円)	5年度(百万円)
陸上自衛隊	2,339,487	(1,902,908) 2,181,707
海上自衛隊	1,943,943	(1,641,940) 1,727,724
航空自衛隊	2,120,638	(1,857,469) 1,983,486
大臣官房及び各 局	852,975	(793,906) 1,113,505
統合幕僚監部	109,748	(81,558) 82,191
防衛大学校	19,473	(19,720) 20,338
防衛医科大学校	26,769	(25,729) 25,937
防衛研究所	2,730	(2,563) 2,559
情報本部	102,894	(104,647) 104,881
防衛監察本部	654	632
審議会等	19	13
計	7,519,330	(6,431,084) 7,242,973

また、新たに、継続費として総額626,197百万円(うち6年度歳出分8,549百万円)及び国庫債務負担行為として総額6,764,854百万円(うち6年度歳出分334,123百万円)を計上している。

継続費は、全額艦船建造のためのものである。

国庫債務負担行為の内訳は、次のとおりである。

	総額(百万円)	うち6年度 歳出分(百万円)
庁舎管理運営業 務	13,517	4,337
防衛省職員採用 試験問題作成等 業務	7	6
事務機器借入れ 等	3,119	585
情報化推進支援 業務	290	67
自衛官特殊被服 購入	6,754	—
庁舎機械警備	4	1
民間資金等活用 官庁施設維持管 理運営	154	—
防衛本省施設整 備	3,589	45
住宅防音事業関 連事務手続補助 業務	1,283	428
提供施設等整備	42,886	4,850
障害防止対策施 設整備	2,325	423
障害防止対策事 業費補助	4,440	807
教育施設等騒音 防止対策事業費 補助	33,579	805
施設周辺整備助 成補助	32,788	5,715
道路改修等事業 費補助	3,347	609

自衛隊給食業務	414	158
油　購　入	188	—
自衛隊施設用地取得等	1,690	—
教育訓練用器材借入れ等	18,512	4,784
装備品取得等効率化推進業務	54,159	2,324
就職援護業務民間開放事業	1,244	—
教育訓練用器材購入	53,694	805
教育訓練用器材整備	15,336	107
医療器材購入	104	—
医療器材借入れ等	373	7
自衛隊施設整備	556,674	9,101
公務員宿舎改修等	30,779	2,535
武　器　購　入	694,472	33,156
通信機器購入	442,710	6,249
車　両　購　入	38,262	—
弾　薬　購　入	610,346	17,182
諸器材購入	218,889	1,372
特定防衛調達武器購入	75,491	12,353
武器車両等整備	838,015	49,065
艦　船　整　備	300,313	30,717
民間資金等活用船舶維持管理運営	30,543	—
艦　船　建　造	133,965	914
航　空　機　購　入	637,327	53,953
特定防衛調達航空機購入	308,813	35,615
航　空　機　整　備	1,233,876	31,111
特定防衛調達航空機整備	67,201	10,080
提供施設移設整備	253,351	13,856
計	6,764,854	334,123

　なお、上記のほか、外国為替相場の変更に伴う継続費の総額及び年割額の改定を行うとともに、物価の変動及び仕様の変更に伴う国庫債務負担行為の限度額の増額を行っている。

　具体的業務の主なものは次のとおりであり、統合防空ミサイル防衛能力や機動展開能力の向上等の重点分野を中心に防衛力を抜本的に強化するとともに、安全保障環境の変化を踏まえ、日米同盟・諸外国との安全保障協力を強化するよう、所要の経費を計上している。

　なお、6年度における防衛力整備の一層の効率化・合理化の取組として、重要度の低下した装備品の運用停止・用途廃止、装備品の計画的・安定的・効率的な取得及び自衛隊独自仕様の絞り込み等により、276,441百万円の効率化・合理化を実現している。

（イ）　陸上自衛隊においては、12式地対艦誘導弾能力向上型（地発型）、03式中距離地対空誘導弾（改善型）、輸送ヘリコプター（ＣＨ－47ＪＡ)12機、16式機動戦闘車19両、10式戦車10両及び19式装輪自走155mmりゅう弾砲16両等の調達を行うとともに、十分な修理費等の確保により車両・航空機等の運用効率の向上を図るほか、各種器材及び施設の整備等を行うこととしている。

（ロ）　海上自衛隊においては、甲Ⅵ型警備艦（12,000トン型)2隻、甲Ⅴ型警備艦（4,800トン型)2隻、潜水艦（3,000トン型)1隻、補給艦1隻、掃海艦1隻等の建造、固定翼哨戒機（Ｐ－1)3機及び哨戒ヘリコプター（ＳＨ－60Ｌ)6機の調達を行うとともに、十分な修理費等の確保により艦艇・航空機等の運用効率の向上を図るほか、各種器材及び施設の整備等を行うこととしている。

（ハ）　航空自衛隊においては、戦闘機（Ｆ－35Ａ)8機、戦闘機（Ｆ－35Ｂ)7機、輸送ヘリコプター（ＣＨ－47Ｊ)5機及び電波情報収集機（ＲＣ－2)1機等の調達を行うとともに、十分な修理費等の確保により航空機等の運用効率の向上を図るほか、各種器材及び施設の整備等を行うこととしている。

（ニ）　基地対策等の推進のため、以下の経費を計上している。

（ａ）　「防衛施設周辺の生活環境の整備等に関する法律」（昭49法101）等に基づき、自衛隊施設及び提供施設の維持運営等に関連し必要な、障害及び騒音の防止措置、飛行場等周辺の移転措置、民生安

定施設の助成措置等を行うための所要の経費を計上している。

（ｂ）「日本国とアメリカ合衆国との間の相互協力及び安全保障条約第6条に基づく施設及び区域並びに日本国における合衆国軍隊の地位に関する協定第24条についての新たな特別の措置に関する日本国とアメリカ合衆国との間の協定」（令4条2）に基づき、労務費、光熱水料等、訓練資機材調達費及び訓練移転費を負担するとともに、「日本国とアメリカ合衆国との間の相互協力及び安全保障条約第6条に基づく施設及び区域並びに日本国における合衆国軍隊の地位に関する協定」（昭35条7。以下「地位協定」という。）に基づき、提供施設の整備及び基地従業員対策等を行うための所要の経費を計上している。

（ｃ）地位協定等に基づく提供施設の維持運営等に関連し必要な土地の購入及び借上げ、各種の補償、現在提供中の施設及び区域の返還を受けるため、当該施設及び区域を集約移転するための所要の経費を計上している。

（ホ）米軍再編関係経費（地元負担軽減に資する措置）については、普天間飛行場の移設に要する経費等を計上している。

（参考）主要装備の国庫債務負担行為等

	数量	総額 （百万円）	うち6年度 歳出分 （百万円）
陸上自衛隊			
12式地対艦誘導弾能力向上型（地発型）	1式	96,061	—
03式中距離地対空誘導弾（改善型）	1式	12,880	—
輸送ヘリコプター（CH-47JA）	12機	210,625	69
16式機動戦闘車	19両	17,072	—
10式戦車	10両	16,607	—
19式装輪自走155mmりゅう弾砲	16両	14,891	—
海上自衛隊			
甲Ⅵ型警備艦	2隻	373,082	7,440
甲Ⅴ型警備艦	2隻	173,981	1,697
潜水艦	1隻	95,015	5,312
補給艦	1隻	83,035	174
掃海艦	1隻	26,272	101
固定翼哨戒機（P-1）	3機	103,594	301
哨戒ヘリコプター（SH-60L）	6機	66,467	—
航空自衛隊			
戦闘機（F-35A）	8機	111,961	18,922
戦闘機（F-35B）	7機	128,238	20,189
輸送ヘリコプター（CH-47J）	5機	98,189	35,546
電波情報収集機（RC-2）	1機	43,665	2,109

（２）地方防衛局

	6年度（百万円）	5年度（百万円）
	22,441	(21,820) 21,592

この経費は、地方防衛局の業務の遂行に必要な経費である。

経費の内訳は、次のとおりである。

	6年度（百万円）	5年度（百万円）
地方防衛局	22,247	(21,695) 21,468
人件費	19,180	(18,417) 18,204
その他	3,067	(3,278) 3,264
地方防衛局施設費	194	125
旅費	0	0
庁費	7	3
施設費	186	122
計	22,441	(21,820) 21,592

また、新たに、国庫債務負担行為として総額737百万円（うち6年度歳出分25百万円）を計上している。

国庫債務負担行為の内訳は、次のとおりである。

	総額（百万円）	うち6年度 歳出分（百万円）
事務機器借入れ等	57	25

	6年度(百万円)	5年度(百万円)
民間資金等活用官庁施設維持管理運営	680	—
計	737	25

（3）防衛装備庁

	6年度(百万円)	5年度(百万円)
		(335,062)
	375,405	335,270

　この経費は、防衛装備庁の業務の遂行に必要な経費である。

　経費の内訳は、次のとおりである。

	6年度(百万円)	5年度(百万円)
防衛装備庁共通費	25,666	(24,278) 24,301
人件費	18,497	17,085
その他	7,170	(7,193) 7,216
防衛力基盤強化推進費	332,775	(288,513) 288,479
防衛力基盤強化施設整備費	16,964	(22,270) 22,490
計	375,405	(335,062) 335,270

　また、新たに、国庫債務負担行為として総額864,773百万円(うち6年度歳出分31,284百万円)を計上している。

　国庫債務負担行為の内訳は、次のとおりである。

	総額(百万円)	うち6年度歳出分(百万円)
庁舎管理運営業務	1,016	326
事務機器借入れ等	232	62
防衛通信衛星整備等支援業務	171	—
サイバーセキュリティ対策支援業務	995	—
装備品取得等効率化推進業務	11,288	1,022
装備品安定製造等確保事業	24,897	—
研究開発	792,788	28,862
自衛隊施設整備	33,386	1,012
計	864,773	31,284

　研究開発については、新地対艦・地対地精密誘導弾をはじめとする誘導弾、次期戦闘機等の開発のほか、防衛イノベーションや画期的な装備品等を生み出す機能を抜本的に強化するため、防衛イノベーション技術研究所（仮称）を創設し、革新的な研究を推進するための経費を計上している。

2　財務省所管

6年度(百万円)	5年度(百万円)	比較増△減(百万円)
	(3,380,620)	(△ 3,380,620)
—	4,419,655	△ 4,419,655

　6年度予算における防衛力強化税外収入は、当年度の防衛力整備計画対象経費の財源に充てることとしており、5年度当初予算及び5年度補正予算(第1号)において行った防衛力強化資金への繰入れに必要な経費は計上していない。

公共事業関係費

6年度(百万円)	5年度(百万円)	比較増△減(百万円)
	(6,080,148)	(2,602)
6,082,750	8,312,586	△ 2,229,836

　公共事業関係費は、治山治水対策事業費、道路整備事業費、港湾空港鉄道等整備事業費、住宅都市環境整備事業費、公園水道廃棄物処理等施設整備費、農林水産基盤整備事業費、社会資本総合整備事業費、推進費等及び災害復旧等事業費に大別される。

　6年度予算を大別して示すと、次のとおりである。

令和6年度公共事業関係費対前年度比較表

（単位 百万円）

区　　分	6 年 度	5 年 度 当　初	5 年 度 補正(第1号)後	比較増△減 当　初	比較増△減 補正(第1号)後
治 山 治 水 対 策	954,832	954,384	1,311,272	448	△ 356,440
治　　　　　水	852,184	851,796	1,158,865	388	△ 306,681
治　　　　　山	62,351	62,291	89,068	60	△ 26,717
海　　　　　岸	40,297	40,297	63,338	—	△ 23,041
道 路 整 備	1,671,492	1,671,083	2,061,758	409	△ 390,266
港湾空港鉄道等整備	403,734	397,584	505,995	6,150	△ 102,261
港 湾 整 備	244,903	244,403	336,458	500	△ 91,555
空 港 整 備	30,925	28,742	28,688	2,183	2,237
都市・幹線鉄道整備	22,822	22,822	31,759	—	△ 8,937
整 備 新 幹 線 整 備	80,372	80,372	80,372	—	—
船舶交通安全基盤整備	24,712	21,245	28,718	3,467	△ 4,006
住 宅 都 市 環 境 整 備	730,304	730,657	975,644	△ 353	△ 245,340
住 宅 対 策	156,106	156,171	333,635	△ 65	△ 177,529
都 市 環 境 整 備	574,198	574,486	642,009	△ 288	△ 67,811
公園水道廃棄物処理等	196,806	178,362	261,848	18,444	△ 65,042
上 下 水 道	112,775	94,331	107,592	18,444	△ 5,183
廃 棄 物 処 理 施 設 整 備	41,727	41,727	102,702	—	△ 60,975
工 業 用 水 道	2,163	2,163	3,797	—	△ 1,634
国 営 公 園 等	32,386	32,386	36,004	—	△ 3,618
自 然 公 園 等	7,755	7,755	11,752	—	△ 3,997
農 林 水 産 基 盤 整 備	607,968	607,848	862,821	120	△ 254,853
農 業 農 村 整 備	332,623	332,303	509,644	320	△ 177,021
森 林 整 備	125,370	125,249	172,880	121	△ 47,510
水 産 基 盤 整 備	72,976	72,906	102,907	70	△ 29,931
農 山 漁 村 地 域 整 備	76,999	77,390	77,390	△ 391	△ 391
社 会 資 本 総 合 整 備	1,377,105	1,400,643	1,784,726	△ 23,538	△ 407,621
推 進 費 等	62,338	61,938	68,288	400	△ 5,950
計	6,004,579	6,002,499	7,832,350	2,080	△ 1,827,771
災 害 復 旧 等	78,171	77,649	480,236	522	△ 402,065
災 害 復 旧	56,939	54,386	342,657	2,553	△ 285,718
災 害 関 連	21,232	23,263	137,579	△ 2,031	△ 116,347
合 計	6,082,750	6,080,148	8,312,586	2,602	△ 2,229,836

この経費を北海道、離島、沖縄及びその他の地域別に区分して示すと、次のとおりである。

（単位 百万円）

	北 海 道	離 島	沖 縄	そ の 他	計
治 山 治 水 対 策	102,239	2,207	5,227	845,159	954,832
道 路 整 備	218,935	2,072	36,085	1,414,400	1,671,492
港 湾 空 港 鉄 道 等 整 備	23,492	5,412	16,261	358,569	403,734
住 宅 都 市 環 境 整 備	27,454	1,686	7,355	693,809	730,304
公 園 水 道 廃 棄 物 処 理 等	7,985	2,487	9,277	177,057	196,806
農 林 水 産 基 盤 整 備	118,279	21,989	18,163	449,537	607,968
社 会 資 本 総 合 整 備	58,175	20,619	16,689	1,281,622	1,377,105
推 進 費 等	4,403	—	2,619	55,316	62,338
計	560,962	56,472	111,676	5,275,469	6,004,579

	北 海 道	離 島	沖 縄	そ の 他	計
災 害 復 旧 等	16	—	0	78,155	78,171
合　　　　計	560,978	56,472	111,676	5,353,624	6,082,750

　（注）　「離島」欄は，奄美群島における公共事業関係費 18,184 百万円を含んでいる。

　また、所管別に区分して示すと、次のとおりである。

	6年度(百万円)	5年度(百万円)
内　閣　府	151,453	(150,774) 169,819
農 林 水 産 省	523,327	(523,650) 805,733
経 済 産 業 省	2,045	(2,006) 3,640
国 土 交 通 省	5,360,531	(5,358,324) 7,230,852
環　境　省	45,394	(45,394) 102,542
合　　　計	6,082,750	(6,080,148) 8,312,586

以下、事項別に説明する。

1　治山治水対策事業費

6年度(百万円)	5年度(百万円)	比較増△減(百万円)
954,832	(954,384) 1,311,272	(448) △　356,440

　この経費は、治水、治山及び海岸の公共施設整備のための経費である。

（1）治　水　事　業

6年度(百万円)	5年度(百万円)
852,184	(851,796) 1,158,865

　治水事業については、頻発・激甚化する水災害に対応するため、あらゆる関係者が協働して取り組む「流域治水」を推進し、ハード・ソフト一体の事前防災対策として堤防やダムの整備、河道掘削等を実施することとしている。

　また、河川管理施設等の老朽化対策については、コストの縮減や事業の効率化に資する新技術の活用等を進めるとともに、個別補助により集中的・計画的に実施することとしている。

　以上の経費の内訳は、次のとおりである。

	6年度(百万円)	5年度(百万円)
河 川 整 備 事 業	542,474	(549,326) 795,402
多目的ダム建設事業	80,286	(75,341) 82,034
総合流域防災事業	7,343	(7,313) 14,534
砂 防 事 業	122,134	(121,943) 169,200
工 事 諸 費 等	99,946	(97,872) 97,694
計	852,184	(851,796) 1,158,865

　この経費の所管別内訳は、次のとおりである。

	6年度(百万円)	5年度(百万円)
内　閣　府	4,797	(4,807) 4,946
国 土 交 通 省	847,387	(846,989) 1,153,919
計	852,184	(851,796) 1,158,865

（2）治　山　事　業

6年度(百万円)	5年度(百万円)
62,351	(62,291) 89,068

　治山事業については、流域治水と連携した治山対策を推進するとともに、荒廃山地等の復旧及び重要な水源地域における保安林の整備を重点的に実施することとしている。

　以上の経費の所管別内訳は、次のとおりである。

	6年度(百万円)	5年度(百万円)
内　閣　府	356	(356) 410
農 林 水 産 省	54,756	(54,705) 77,754
国 土 交 通 省	7,239	(7,230) 10,904
計	62,351	(62,291) 89,068

（3）海　岸　事　業

	6年度(百万円)	5年度(百万円)
		(40,297)
	40,297	63,338

海岸事業については、津波による被災の危険性が高い大規模地震の対策地域等において、背後地の人口集積の状況等を勘案するとともに、避難体制の充実・強化などソフト面の対策を組み合わせた総合的な対策を推進している海岸等における津波・高潮対策を重点的に実施することとしている。

また、海岸保全施設の老朽化対策については、コストの縮減や事業の効率化に資する新技術の活用等を進めるとともに、個別補助により集中的・計画的に実施することとしている。

以上の経費の所管別内訳は、次のとおりである。

	6年度(百万円)	5年度(百万円)
内 閣 府	74	(74) 317
農 林 水 産 省	7,347	(7,316) 9,523
国 土 交 通 省	32,876	(32,907) 53,499
計	40,297	(40,297) 63,338

2 道路整備事業費

6年度(百万円)	5年度(百万円)	比較増△減(百万円)
	(1,671,083)	(409)
1,671,492	2,061,758	△ 390,266

道路整備事業については、道路施設の着実な点検・修繕、新技術を活用した老朽化対策の効率的実施や、地方公共団体における橋梁等の老朽化対策等について個別補助による重点的・効果的な支援を推進するほか、空港・港湾等へのアクセス道路など生産性向上・成長力強化につながる道路ネットワークの整備等を推進することとしている。

以上の経費の内訳は、次のとおりである。

	6年度(百万円)	5年度(百万円)
道路更新防災対策事業及び維持管理等	737,483	(721,635) 861,605
地域連携道路事業	628,700	(626,427) 814,139
道路交通円滑化事業	207,016	(228,900) 291,828
工 事 諸 費 等	98,293	(94,121) 94,187
計	1,671,492	(1,671,083) 2,061,758

この経費の所管別内訳は、次のとおりである。

	6年度(百万円)	5年度(百万円)
内 閣 府	36,085	(36,102) 42,940
国 土 交 通 省	1,635,407	(1,634,981) 2,018,818
計	1,671,492	(1,671,083) 2,061,758

3 港湾空港鉄道等整備事業費

6年度(百万円)	5年度(百万円)	比較増△減(百万円)
	(397,584)	(6,150)
403,734	505,995	△ 102,261

この経費は、港湾、空港、都市・幹線鉄道、整備新幹線及び船舶交通安全基盤の公共施設整備のための経費である。

（1） 港湾整備事業

6年度(百万円)	5年度(百万円)
	(244,403)
244,903	336,458

港湾整備事業については、国際コンテナ戦略港湾における国際競争力強化のため、船舶の大型化に対応したコンテナターミナルの整備を重点的に実施するとともに、洋上風力発電の導入を促す基地港湾の整備等を通じて、港湾における脱炭素化を推進することとしている。

また、港湾施設の老朽化対策については、コストの縮減や事業の効率化に資する新技術の活用等を進めるとともに、個別補助により集中的・計画的に実施することとしている。

以上の経費の内訳は、次のとおりである。

	6年度(百万円)	5年度(百万円)
港湾環境整備事業	1,474	(2,122) 2,755
港 湾 事 業	222,426	(221,609) 313,408
エネルギー・鉄鋼港湾施設工事	—	48

	6年度(百万円)	5年度(百万円)
工 事 諸 費 等	21,003	(20,624) 20,247
計	244,903	(244,403) 336,458

この経費の所管別内訳は、次のとおりである。

	6年度(百万円)	5年度(百万円)
内 閣 府	14,930	(14,905) 15,344
国 土 交 通 省	229,973	(229,498) 321,113
計	244,903	(244,403) 336,458

（2）　空 港 整 備 事 業

6年度(百万円)	5年度(百万円)
30,925	(28,742) 28,688

空港整備事業については、首都圏空港の国際競争力強化のため、東京国際空港（羽田）の機能拡充に必要な事業等を重点的に実施するとともに、福岡空港においては、引き続き、滑走路増設事業を実施することとしている。

空港整備事業費として一般会計に計上されるのは、一般会計から自動車安全特別会計へ繰り入れる空港整備事業費財源 29,491 百万円並びに沖縄総合事務局、国土技術政策総合研究所、地方整備局及び北海道開発局の一般会計で支出される空港整備関係の工事諸費 1,434 百万円である。

空港の整備に関する事業費の財源内訳は、次のとおりである。

	6年度(百万円)	5年度(百万円)
航空機燃料税収入	32,000	34,000
前々年度航空機燃料税収入決算調整額	△ 2,509	△ 6,652
一 般 財 源	1,434	(1,394) 1,340
計	30,925	(28,742) 28,688

この経費の所管別内訳は、次のとおりである。

	6年度(百万円)	5年度(百万円)
内 閣 府	1,331	(1,237) 1,235

	6年度(百万円)	5年度(百万円)
国 土 交 通 省	29,594	(27,505) 27,453
計	30,925	(28,742) 28,688

（3）　都市・幹線鉄道整備事業

6年度(百万円)	5年度(百万円)
22,822	(22,822) 31,759

都市・幹線鉄道整備事業については、都市機能を支える都市鉄道ネットワークの整備、防災・減災、老朽化対策や、鉄道駅におけるバリアフリー化の推進、輸送の安全性の向上等による安全・安心の確保等を推進することとしている。

以上の経費の内訳は、次のとおりである。

	6年度(百万円)	5年度(百万円)
鉄道施設総合安全対策事業費補助	4,514	(5,035) 11,632
鉄道防災事業費補助	923	923
幹線鉄道等活性化事業費補助	20	(23) 615
都市鉄道利便増進事業費補助	1,400	6,736
都市鉄道整備事業費補助	13,864	(8,050) 9,714
鉄道駅総合改善事業費補助	2,101	(2,055) 2,139
計	22,822	(22,822) 31,759

（4）　整備新幹線整備事業

6年度(百万円)	5年度(百万円)
80,372	80,372

整備新幹線整備事業については、独立行政法人鉄道建設・運輸施設整備支援機構による北海道新幹線新函館北斗―札幌間の建設等を着実に実施することとしている。

（5）　船舶交通安全基盤整備事業

6年度(百万円)	5年度(百万円)
24,712	(21,245) 28,718

船舶交通安全基盤整備事業については、船舶が安全に航行するための指標となる灯台、電波標識等の整備等を実施することとしている。

4　住宅都市環境整備事業費

	6年度(百万円)	5年度(百万円)	比較増△減(百万円)
		(730,657)	(△ 353)
	730,304	975,644	△ 245,340

この経費は、住宅対策及び都市環境整備のための経費である。

（1）住宅対策

	6年度(百万円)	5年度(百万円)
		(156,171)
	156,106	333,635

住宅対策については、地方公共団体等が施行する公営住宅整備等事業、独立行政法人住宅金融支援機構が行う証券化支援事業に係る金利引下げ、地方公共団体等が行う高齢者向け優良賃貸住宅等の公的賃貸住宅に係る家賃低減、地方公共団体等が施行する防災性を向上するための住宅市街地総合整備促進事業等を推進することとしている。

以上の経費の内訳は、次のとおりである。

	6年度(百万円)	5年度(百万円)
公営住宅整備費等補助	300	1,700
優良住宅整備促進等事業費補助	22,636	(23,623) 24,937
公的賃貸住宅家賃対策補助	12,029	12,529
住宅市街地総合整備促進事業費補助	120,662	(116,297) 292,447
独立行政法人住宅金融支援機構出資金	—	1,520
そ の 他	479	(502) 502
計	156,106	(156,171) 333,635

（2）都市環境整備事業

	6年度(百万円)	5年度(百万円)
		(574,486)
	574,198	642,009

都市環境整備事業については、広域連携を含む都市機能のコンパクト化や防災力強化に積極的に取り組む地方公共団体等に対する重点的・効果的な支援や都市の国際競争力の強化等を図る市街地整備事業、大気汚染等の沿道環境問題への対策や個別補助による通学路の交通安全対策への計画的・集中的な支援等を実施する道路環境整備事業及び水辺空間のにぎわい創出のため、まちづくりと一体となった水辺整備や水環境の改善等を実施する都市水環境整備事業を推進することとしている。

以上の経費の内訳は、次のとおりである。

	6年度(百万円)	5年度(百万円)
市街地整備事業	102,516	(102,433) 115,892
都市構造再編集中支援事業	70,068	(70,000) 77,629
市街地再開発事業	10,159	(10,159) 10,866
都市再生推進事業等	19,316	(18,688) 21,811
都市開発資金貸付金	2,973	(3,586) 5,586
道路環境整備事業	446,808	(447,179) 489,465
道路環境改善事業	111,238	(110,211) 124,627
道路交通安全対策事業	327,660	(329,130) 357,120
工 事 諸 費	7,910	(7,838) 7,718
都市水環境整備事業	24,874	(24,874) 36,652
河川都市基盤整備事業等	22,629	(22,696) 34,514
工 事 諸 費 等	2,245	(2,178) 2,139
計	574,198	(574,486) 642,009

この経費の所管別内訳は、次のとおりである。

	6年度(百万円)	5年度(百万円)
内 閣 府	7,355	(7,338) 8,079
国 土 交 通 省	566,843	(567,148) 633,930
計	574,198	(574,486) 642,009

5　公園水道廃棄物処理等施設整備費

6年度(百万円)	5年度(百万円)	比較増△減(百万円)
	(178,362)	(18,444)
196,806	261,848	△ 65,042

この経費は、上下水道、廃棄物処理、工業用水道、国営公園等、自然公園等の施設整備等の

ための経費である。

（1）　上下水道事業

	6年度(百万円)	5年度(百万円)
		(94,331)
	112,775	107,592

　上下水道事業については、上下水道一体による効率的な事業実施に向けた計画策定等を支援する上下水道一体効率化・基盤強化推進事業、簡易水道等施設や水道水源開発等施設の整備等を実施する水道施設整備事業及び市街地における内水氾濫を防止するための雨水貯留施設の整備等による防災・減災対策の支援等を実施する下水道事業を推進することとしている。

　以上の経費の内訳は、次のとおりである。

	6年度(百万円)	5年度(百万円)
上下水道一体効率化・基盤強化推進事業	3,000	―
水道施設整備事業	17,136	(17,036) 19,549
簡易水道等施設	4,615	5,004
水道水源開発等施設	12,324	(11,946) 14,459
その他	196	87
下水道事業	92,639	(77,295) 88,043
下水道事業調査	3,643	(3,743) 4,952
下水道事業費補助	8,546	(7,101) 11,255
下水道防災事業費補助	80,450	(66,451) 71,836
計	112,775	(94,331) 107,592

　この経費の所管別内訳は、次のとおりである。

	6年度(百万円)	5年度(百万円)
内　閣　府	3,360	2,800
国土交通省	109,415	(91,531) 104,792
計	112,775	(94,331) 107,592

（2）　廃棄物処理施設整備事業

	6年度(百万円)	5年度(百万円)
		(41,727)
	41,727	102,702

　廃棄物処理施設整備事業については、一般廃棄物処理施設及び浄化槽の整備等を実施することとしている。

　以上の経費の内訳は、次のとおりである。

	6年度(百万円)	5年度(百万円)
廃棄物処理施設	1,522	1,613
循環型社会形成推進交付金	40,019	(39,943) 100,918
そ　の　他	186	171
計	41,727	(41,727) 102,702

　この経費の所管別内訳は、次のとおりである。

	6年度(百万円)	5年度(百万円)
内　閣　府	1,206	(1,206) 1,516
国土交通省	2,912	(2,912) 10,962
環　境　省	37,609	(37,609) 90,224
計	41,727	(41,727) 102,702

（3）　工業用水道事業

	6年度(百万円)	5年度(百万円)
		(2,163)
	2,163	3,797

　工業用水道事業については、工業地帯における地下水汲上げによる地盤沈下の防止と立地条件の整備を目的として敷設される工業用水道施設の整備等を実施することとしている。

　以上の経費の所管別内訳は、次のとおりである。

	6年度(百万円)	5年度(百万円)
経済産業省	2,045	(2,006) 3,640
国土交通省	118	157
計	2,163	(2,163) 3,797

（4）　国営公園等事業

	6年度(百万円)	5年度(百万円)
		(32,386)
	32,386	36,004

国営公園等事業については、国営公園等の施設の整備、維持管理等を実施することとしている。

以上の経費の内訳は、次のとおりである。

	6年度(百万円)	5年度(百万円)
国営公園整備等	26,985	(26,922) 30,541
都市公園事業	4,166	5,066
都市開発資金貸付金	300	—
そ　の　他	935	(398) 398
計	32,386	(32,386) 36,004

この経費の所管別内訳は、次のとおりである。

	6年度(百万円)	5年度(百万円)
内　閣　府	4,711	(4,711) 4,738
国土交通省	27,675	(27,675) 31,266
計	32,386	(32,386) 36,004

（5）　自然公園等事業

6年度(百万円)	5年度(百万円)
7,755	(7,755) 11,752

自然公園等事業については、国立公園、国民公園等の施設の整備、維持管理等を実施することとしている。

以上の経費の内訳は、次のとおりである。

	6年度(百万円)	5年度(百万円)
国立公園等	4,009	(4,104) 6,442
国民公園等	1,787	(1,704) 2,464
自然環境整備交付金	1,899	(1,872) 2,772
そ　の　他	60	75
計	7,755	(7,755) 11,752

6　農林水産基盤整備事業費

6年度(百万円)	5年度(百万円)	比較増△減(百万円)
607,968	(607,848) 862,821	(120) △ 254,853

この経費は、農業農村整備、森林整備、水産基盤整備及び農山漁村地域整備を行うための経費である。

（1）　農業農村整備事業

6年度(百万円)	5年度(百万円)
332,623	(332,303) 509,644

農業農村整備事業については、生産性・収益性等の向上のための水田の畑地化や農地の大区画化等を推進する農業競争力強化基盤整備事業、国土強靱化のための農業水利施設の長寿命化や防災・減災対策等を推進するかんがい排水事業、総合農地防災事業等を実施することとしている。

以上の経費の内訳は、次のとおりである。

	6年度(百万円)	5年度(百万円)
かんがい排水	99,650	(99,552) 113,121
土地改良施設管理	23,032	(21,242) 22,713
農用地再編整備	39,384	(40,176) 62,763
総合農地防災等	65,588	(68,737) 115,707
農業競争力強化基盤整備等	72,584	(68,468) 159,007
農　村　整　備	6,866	(7,234) 8,482
水資源開発	8,500	(8,500) 9,485
食料安定供給特別会計国営土地改良事業勘定へ繰入	2,853	(4,514) 4,488
補助率差額等	14,166	(13,880) 13,877
計	332,623	(332,303) 509,644

この経費の所管別内訳は、次のとおりである。

	6年度(百万円)	5年度(百万円)
内　閣　府	13,532	(13,514) 14,703
農林水産省	223,832	(223,688) 351,086
国土交通省	95,259	(95,101) 143,854
計	332,623	(332,303) 509,644

（2）　森林整備事業

	6年度(百万円)	5年度(百万円)
		(125,249)
	125,370	172,880

　森林整備事業については、林業の持続的発展や国土強靱化のため、間伐や主伐後の再造林等を実施するとともに、森林整備の効率化に必要な路網の整備をすることとしている。

　以上の経費の所管別内訳は、次のとおりである。

	6年度(百万円)	5年度(百万円)
内 閣 府	271	289
		(118,430)
農 林 水 産 省	118,570	160,603
		(6,530)
国 土 交 通 省	6,529	11,988
		(125,249)
計	125,370	172,880

（3）　水産基盤整備事業

	6年度(百万円)	5年度(百万円)
		(72,906)
	72,976	102,907

　水産基盤整備事業については、水産物の輸出拡大等による水産業の成長産業化のための拠点漁港の流通機能強化及び養殖生産拠点整備、持続可能な漁業生産を確保するための漁場整備、漁港施設の強靱化・長寿命化等を推進することとしている。

　以上の経費の所管別内訳は、次のとおりである。

	6年度(百万円)	5年度(百万円)
		(4,360)
内 閣 府	4,360	4,711
		(35,674)
農 林 水 産 省	35,495	48,539
		(32,872)
国 土 交 通 省	33,121	49,657
		(72,906)
計	72,976	102,907

（4）　農山漁村地域整備事業

	6年度(百万円)	5年度(百万円)
	76,999	77,390

　農山漁村地域整備事業については、地方公共団体が作成した計画に基づく農山漁村地域の基盤整備のほか、整備効果を促進するためのソフト事業について交付金により総合的に支援することとしている。

　以上の経費の所管別内訳は、次のとおりである。

	6年度(百万円)	5年度(百万円)
農 林 水 産 省	63,140	63,782
国 土 交 通 省	13,859	13,608
計	76,999	77,390

7　社会資本総合整備事業費

6年度(百万円)	5年度(百万円)	比較増△減(百万円)
	(1,400,643)	(△　23,538)
1,377,105	1,784,726	△　407,621

　この経費は、地方公共団体等が作成した社会資本総合整備計画に基づき、頻発・激甚化する風水害・土砂災害や大規模地震・津波に対する防災・減災対策、予防保全に向けた老朽化対策、将来の成長の基盤となる民間投資・需要を喚起する道路整備、水道施設の耐災害性強化・広域化等の推進を図る事業、ＰＰＰ／ＰＦＩを活用した下水道事業や利便性・効率性の向上を図るための地域公共交通ネットワークの再構築事業など、地域における総合的な取組を支援するための交付金である。

　以上の経費の内訳は、次のとおりである。

	6年度(百万円)	5年度(百万円)
社会資本整備総合交付金	506,453	(549,190) 603,356
防災・安全交付金	870,652	(851,453) 1,181,370
計	1,377,105	(1,400,643) 1,784,726

　この経費の所管別内訳は、次のとおりである。

	6年度(百万円)	5年度(百万円)
		(16,679)
内 閣 府	16,689	19,393
		(1,383,964)
国 土 交 通 省	1,360,416	1,765,333
		(1,400,643)
計	1,377,105	1,784,726

8　推 進 費 等

6年度(百万円)	5年度(百万円)	比較増△減(百万円)
	(61,938)	(400)
62,338	68,288	△　5,950

　この経費は、「地域再生法」(平17法24)に基づき、地方公共団体が行う地方創生の深化のた

めの先駆的な地方創生基盤整備事業に対して支援するための交付金並びに再度災害防止や安全な避難経路の確保等の防災・減災対策を強化すること及び北海道総合開発計画の効果的な推進を図ること等を目的とし、予算作成後に各地域で発生した事象に柔軟に対応するため地方公共団体等との協議結果を踏まえた事業の推進等に必要な経費である。

以上の経費の内訳は、次のとおりである。

	6年度(百万円)	5年度(百万円)
沖縄北部連携促進特別振興対策特定開発事業推進費	2,619	2,619
地方創生地域産業基盤整備事業推進費	—	(—) 6,000
地方創生基盤整備事業推進費	39,777	39,777
防災・減災対策等強化事業推進費	13,886	13,886
社会資本整備円滑化地籍整備事業費	1,400	(1,000) 1,350
官民連携基盤整備推進調査費	331	331
北海道特定特別総合開発事業推進費	4,325	4,325
計	62,338	(61,938) 68,288

この経費の所管別内訳は、次のとおりである。

	6年度(百万円)	5年度(百万円)
内 閣 府	42,396	(42,396) 48,396
国 土 交 通 省	19,942	(19,542) 19,892
計	62,338	(61,938) 68,288

9 災害復旧等事業費

6年度(百万円)	5年度(百万円)	比較増△減(百万円)
78,171	(77,649) 480,236	(522) △ 402,065

この経費は、公共土木施設、農林水産業施設等の災害復旧事業及び災害関連事業を行うための経費である。

(1) 災害復旧事業

5年以前に発生した災害等の復旧事業について

は、事業の促進を図ることとし、また、当年発生災害については、発生を見込んで復旧事業費を計上し、迅速な対応を行うこととしている。

(2) 災害関連事業

災害復旧事業と合併して施行する一般関連事業及び助成事業については、災害復旧事業の進捗状況を考慮して事業の推進を図ることとしている。また、山地崩壊等の災害に対しては、災害関連緊急事業により緊急に対応することとしている。

以上の経費の所管別内訳は、次のとおりである。

	災害復旧事業費(百万円)	災害関連事業費(百万円)	計(百万円)
内 閣 府	0	—	0
農 林 水 産 省	14,595	5,592	20,187
国 土 交 通 省	42,314	15,640	57,954
環 境 省	30	—	30
計	56,939	21,232	78,171

経 済 協 力 費

6年度(百万円)	5年度(百万円)	比較増△減(百万円)
504,106	(511,374) 793,351	(△ 7,268) △ 289,245

この経費は、経済協力のための諸施策の実施に必要な経費である。

その内容の主なものは、次のとおりである。

(1) 無償資金協力

無償資金協力を実施するために必要な予算については、「自由で開かれたインド太平洋」の戦略的な実現、グローバルな課題への対処、複雑さを増す安全保障・経済環境への対応等に必要な経費として、156,200百万円を計上している。

(2) 技術協力(独立行政法人国際協力機構)

独立行政法人国際協力機構が実施する技術協力のために必要な予算については、「自由で開かれたインド太平洋」の戦略的な実現、グローバルな課題への対処、複雑さを増す安全保障・経済環境への対応等に必要な経費として、148,122百万円を計上している。

(3) 国際分担金・拠出金

我が国にとっての支払の必要性等を踏まえ、

115,888百万円を計上している。

（注）　計数中には、留学生関係経費に計上されているものが含まれている。

（4）　円 借 款 等

独立行政法人国際協力機構の有償資金協力部門が実施する、円借款等の事業規模については2,280,000百万円であり、その原資の一部として、一般会計出資金48,480百万円を計上している。

（5）　留学生関係経費

留学生関係経費については、外国人留学生への奨学金の給付等に必要な経費として、28,433百万円を計上している。

（注）　計数中には、国際分担金・拠出金に計上されているものが含まれている。

経費の内訳は、次のとおりである。

	6年度(百万円)	5年度(百万円)
（内閣府所管）		
経済協力開発機構拠出金等	200	200
（外務省所管）		
政府開発援助経済開発等援助費	156,200	(163,403) 203,312
政府開発援助独立行政法人国際協力機構運営費交付金等	148,122	(151,851) 175,196
国際分担金・拠出金	72,009	(67,172) 190,077
国際連合分担金	31,191	(31,191) 31,466
国際連合開発計画拠出金	6,834	(5,057) 21,211
国際連合食糧農業機関分担金	4,178	5,433
国際連合教育科学文化機関分担金	3,816	3,600
経済協力開発機構分担金	3,596	2,787
国際機関職員派遣信託基金等拠出金	3,350	1,535
国際連合難民高等弁務官事務所拠出金	2,618	(1,487) 8,379
環境問題拠出金	2,513	(3,206) 6,097
人口関係国際機関等拠出金	2,107	(1,427) 4,721
国際連合児童基金拠出金	1,564	(917) 6,835
世界エイズ・結核・マラリア対策基金拠出金	1,500	(2,038) 18,577
親日派・知日派育成のための交流拡充拠出金	1,182	638
その他	7,559	(7,856) 78,795
その他	2,564	2,671
計	378,895	(385,097) 571,255
（財務省所管）		
政府開発援助独立行政法人国際協力機構有償資金協力部門出資金	48,480	47,840
国際開発金融機関拠出金等	34,956	(34,973) 111,518
計	83,436	(82,813) 159,358
（文部科学省所管）		
外国人留学生等経費	28,433	(27,222) 27,259
（厚生労働省所管）		
世界保健機関分担金等	8,167	(10,882) 30,119
（経済産業省所管）		
対外経済政策推進費	4,976	5,160
合　計	504,106	(511,374) 793,351

中小企業対策費

6年度(百万円)	5年度(百万円)	比較増△減(百万円)
169,316	(170,376) 735,381	(△　1,060) △　566,065

この経費は、中小企業・小規模事業者の資金繰り支援、価格転嫁対策、事業再生・事業承継支援等の諸施策を実施するために必要な経費である。

その内容の主なものは、次のとおりである。

（1）　株式会社日本政策金融公庫出資等

株式会社日本政策金融公庫については、信用保険等業務において中小企業・小規模事業者に対する信用補完の充実等を図るため、46,600

百万円の出資を行うこととしているほか、国民一般向け業務において業務円滑化のための補給金として 16,876 百万円を計上している。また、中小企業者向け業務において業務円滑化のための補給金として、14,513 百万円を計上している。

(注) 計数中には、中小企業政策推進費に計上されているものが含まれている。

（2） 中小企業政策推進費

中小企業・小規模事業者について、適切な価格転嫁のための取引実態把握の強化、事業再生・事業承継に対する支援等に必要な経費として、63,876 百万円を計上している。

(注) 計数中には、株式会社日本政策金融公庫出資等に計上されているものが含まれている。

（3） 独立行政法人中小企業基盤整備機構運営費

独立行政法人中小企業基盤整備機構に対する運営費交付金として、22,010 百万円を計上している。

経費の内訳は、次のとおりである。

	6年度(百万円)	5年度(百万円)
（財務省所管）		
株式会社日本政策金融公庫出資金	46,600	(46,700) 51,800
株式会社日本政策金融公庫補給金	13,661	13,705
計	60,261	(60,405) 65,505
（厚生労働省所管）		
中小企業最低賃金引上げ支援対策費	821	(991) 18,970
（経済産業省所管）		
中小企業政策推進費	46,148	(50,338) 380,727
株式会社日本政策金融公庫補給金	17,728	17,598
株式会社日本政策金融公庫出資金	—	(—) 61,300
独立行政法人中小企業基盤整備機構運営費	22,010	18,345
独立行政法人中小企業基盤整備機構出資金	—	(—) 12,000

そ の 他	22,347	(22,699) 160,936
計	108,234	(108,980) 650,906
合 計	169,316	(170,376) 735,381

エネルギー対策費

6年度(百万円)	5年度(百万円)	比較増△減(百万円)
	(853,965)	(△ 21,044)
832,921	1,028,096	△ 195,175

この経費は、エネルギーの長期的・安定的な供給を確保するため、エネルギー需給対策の推進、安全かつ安定的な電力供給の確保等の諸施策を実施するために必要な経費である。

経費の内訳は、次のとおりである。

	6年度(百万円)	5年度(百万円)
国際原子力機関分担金等	5,726	5,677
核不拡散・核セキュリティ関連業務等	794	(743) 1,043
国立研究開発法人日本原子力研究開発機構運営費交付金	36,479	(36,427) 37,596
国立研究開発法人日本原子力研究開発機構施設整備費	—	(—) 517
エネルギー対策特別会計エネルギー需給勘定へ繰入	476,089	(515,836) 663,037
エネルギー対策特別会計電源開発促進勘定へ繰入	313,833	(295,282) 320,182
脱炭素成長型経済構造移行推進エネルギー対策特別会計へ繰入	—	(—) 44
計	832,921	(853,965) 1,028,096

また、所管別内訳は、次のとおりである。

	6年度(百万円)	5年度(百万円)
内 閣 府	9,983	9,319
外 務 省	5,726	5,677
文 部 科 学 省	145,305	(145,026) 167,073
経 済 産 業 省	511,502	(531,402) 624,094

環　境　省	160,405	(162,540)	221,933
計	832,921	(853,965)	1,028,096

その内容の主なものは、次のとおりである。

（1）　国立研究開発法人日本原子力研究開発機構運営費交付金等

国立研究開発法人日本原子力研究開発機構等において、原子力利用の安全確保のための基礎基盤研究等を行うとともに、原子力分野における人材育成等を行うこととして、37,273百万円を計上している。

（2）　エネルギー対策特別会計エネルギー需給勘定へ繰入

この経費は、石油石炭税を財源として、石油及び天然ガスの安定的かつ低廉な供給の確保を図ることが緊要であることに鑑み講じられる措置を実施する燃料安定供給対策並びに内外の経済的社会的環境に応じた安定的かつ適切なエネルギーの需給構造の構築を図ることが緊要であることに鑑み講じられる措置を実施するエネルギー需給構造高度化対策に要する費用の財源に充てるため、一般会計からエネルギー対策特別会計エネルギー需給勘定へ繰り入れることとして、476,089百万円を計上している（第3　特別会計「6　エネルギー対策特別会計」参照）。

（3）　エネルギー対策特別会計電源開発促進勘定へ繰入

この経費は、電源開発促進税を財源として、発電用施設の設置及び運転の円滑化を目的とした「発電用施設周辺地域整備法」（昭49法78）に基づく交付金の交付及びその他の発電の用に供する施設の設置や運転の円滑化に資するための財政上の措置を実施する電源立地対策、発電用施設の利用の促進、安全の確保及び発電用施設による電気の供給の円滑化を図るための財政上の措置を実施する電源利用対策並びに原子力発電施設等に関する安全の確保を図るための措置を実施する原子力安全規制対策に要する費用の財源に充てるため、一般会計からエネルギー対策特別会計電源開発促進勘定へ繰り入れることとして、313,833百万円を計上している（第3特別会計「6　エネルギー対策特別会計」参照）。

なお、このうち47,0〔　〕設費用相当分について原子〔　〕支援機構への資金交付に充て〔　〕る。

食料安定供給関係費

6年度(百万円)	5年度(百万円)	比較増△減(百〔　〕)
	(1,265,365)	(△　3,5〔　〕
1,261,796	1,701,231	△　439,43〔　〕

この経費は、「食料・農業・農村基本法」（平11法106）の基本理念として掲げられている食料の安定供給の確保に資する諸施策を実施するために必要な経費である。

その内容の主なものは、次のとおりである。

（1）　食料安全保障確立対策費等

この経費は、米の適正かつ円滑な流通を確保するための措置並びに政府による主要食糧の買入れ、輸入及び売渡しの措置により主要食糧の需給及び価格の安定を図るための食料安定供給特別会計への繰入れ、家畜伝染病の発生予防及びまん延防止のための防疫措置等に必要な経費である。

6年度においては、米の備蓄の運営等のために必要な食料安定供給特別会計への繰入れ、豚熱・高病原性鳥インフルエンザ等の家畜伝染病への対応等として、156,012百万円を計上している。

（2）　担い手育成・確保等対策費等

この経費は、力強く持続可能な農業構造の実現に向けた担い手の育成・確保等を図り、経営所得安定対策、農業共済事業等を実施するために必要な経費である。

6年度においては、経営所得安定対策に係る交付金、農業共済事業における再保険金等の円滑な支払のための食料安定供給特別会計への繰入れ等として340,089百万円を計上している。

（3）　農地集積・集約化等対策費

この経費は、意欲ある農業者への農地集積の推進等を図るために必要な経費である。

6年度においては、農地中間管理機構等による農地の集積・集約の加速化に対する支援や農地集積を図りつつ高収益作物への転換等を推進

るJoLとし、39,674百万円を計上している。

（　）　農業生産基盤整備推進費

　　この経費は、農業の成長産業化や国土強靱化に資する農業生産基盤整備の推進を図るために必要な経費である。

　　6年度においては、農業水利施設の長寿命化や防災・減災に係る機動的な対策等を推進することとし、31,806百万円を計上している。

（5）　国産農産物生産基盤強化等対策費等

　　この経費は、需要構造等の変化に対応した生産基盤強化等を推進するために必要な経費である。

　　6年度においては、水田における野菜等の高収益作物への転換や水田の畑地化等を一層推進するための水田活用の直接支払交付金等の交付、産地の持続的な生産力強化を図るための持続的生産強化対策事業等を実施することとし、436,979百万円を計上している。

（6）　農村整備推進対策費

　　この経費は、農業の有する多面的機能の発揮の促進を図るために必要な経費である。

　　6年度においては、地域共同で行う多面的機能を支える活動、中山間地域等における継続的な農業生産活動等を支援することとし、77,464百万円を計上している。

（7）　農山漁村活性化対策費

　　この経費は、農山漁村と都市との地域間交流を促進するなど、農山漁村の活性化を図るために必要な経費である。

　　6年度においては、鳥獣被害防止対策を実施するとともに、農山漁村の地域資源を活用し、新たな価値を創出する取組等を推進することとし、17,200百万円を計上している。

（8）　森林整備・保全費等

　　この経費は、森林の有する多面的機能の発揮の促進等を図るために必要な経費である。

　　6年度においては、森林の保全管理や森林病害虫等による被害の抑制の取組等を推進するとともに、国有林野の産物及び製品の売払い並びに国有林野の管理又は処分等を実施することとし、18,733百万円を計上している。

（9）　水産資源管理対策費等

　　この経費は、海洋環境の変化も踏まえた水産資源管理の着実な実施等を図るために必要な経費である。

　　6年度においては、資源評価対象魚種について評価の推進及び更なる精度向上等を図ることとし、25,784百万円を計上している。

（10）　水産業振興対策費等

　　この経費は、漁業経営安定対策の着実な実施と水産業の成長産業化等を図るために必要な経費である。

　　6年度においては、適切な資源管理と漁業経営の安定の確立のため、計画的に資源管理等に取り組む漁業者を対象とした収入安定対策等を実施するとともに、収益性の向上と適切な資源管理を両立させる浜の構造改革に取り組むための水産業成長産業化沿岸地域創出事業等を実施することとし、48,795百万円を計上している。

　　経費の内訳は、次のとおりである。

	6年度（百万円）	5年度（百万円）
新市場創出対策費	744	（876） 9,096
農林水産物・食品輸出促進対策費	5,947	（6,544） 23,728
消費者・食農連携深化対策費	116	（131） 282
食品の安全・消費者の信頼確保対策費等	7,899	（8,276） 9,216
食料安全保障確立対策費等	156,012	（155,703） 205,459
担い手育成・確保等対策費等	340,089	（344,726） 364,827
農地集積・集約化等対策費	39,674	（41,122） 44,344
農業生産基盤整備推進費	31,806	31,607
国産農産物生産基盤強化等対策費等	436,979	（433,350） 645,443
農業・食品産業強化対策費	12,052	（12,052） 17,781
農林水産業環境政策推進費	572	（611） 2,775
農村整備推進対策費	77,464	77,537
農山漁村活性化対策費	17,200	（17,584） 23,009

森林整備・保全費等	18,733	(19,917) 20,017
林業振興対策費	4,922	4,982
林産物供給等振興対策費	1,678	2,160
森林整備・林業等振興対策費	6,051	(6,891) 29,272
水産資源管理対策費等	25,784	(26,069) 26,802
水産業振興対策費等	48,795	(49,463) 134,138
漁村活性化対策費	4,771	(5,272) 7,872
水産業強化対策費	1,952	2,402
その他	22,555	(18,090) 18,481
計	1,261,796	(1,265,365) 1,701,231

その他の事項経費

その他の事項経費のうち主なものは、次のとおりである。

1 マイナンバー関係経費（内閣府所管、デジタル庁所管、総務省所管、法務省所管及び厚生労働省所管）

6年度(百万円)	5年度(百万円)	比較増△減(百万円)
	(80,595)	(△ 34,415)
46,180	264,261	△ 218,081

この経費は、マイナンバー制度の円滑な運用等を実施するために必要な経費である。

経費の内訳は、次のとおりである。

	6年度(百万円)	5年度(百万円)
（内閣府所管）		
特定個人情報監視・監督等業務費	181	(175) 223
（デジタル庁所管）		
個人番号及び法人番号の利用に関する広報活動等に必要な経費	285	(278) 1,068
公金受取口座登録業務の支援に必要な経費	118	231
計	403	(509) 1,299
（総務省所管）		
マイナンバーカード普及推進事業費	45,428	(50,713) 110,867
マイナンバーカード・公的個人認証の海外継続利用等システム整備費	—	(—) 12,674
地方公共団体の関係情報システム整備への支援経費	—	(—) 7,443
マイナンバーカードへの氏名のローマ字表記等システム改修費	—	(20,048) 29,419
その他	44	(48) 714
計	45,472	(70,808) 161,117
（法務省所管）		
戸籍事務へのマイナンバー制度の導入経費	105	(9,051) 12,048
（厚生労働省所管）		
社会保障・税番号活用推進事業費	19	(52) 89,575
合計	46,180	(80,595) 264,261

（注）上記のほか、デジタル庁に一括計上している情報システム関係経費がある。

2 地方創生推進費（内閣府所管）

6年度(百万円)	5年度(百万円)	比較増△減(百万円)
	(62,223)	(△ 200)
62,023	93,723	△ 31,700

この経費は、「地域再生法」（平17法24）等に基づき、地方公共団体が行う地方創生の深化のための先駆的な取組等に要する経費に対して支援するための交付金である。

経費の内訳は、次のとおりである。

	6年度(百万円)	5年度(百万円)
地方創生推進交付金	55,223	(53,223) 54,723
地方創生拠点整備交付金	5,000	(7,000) 37,000
地方大学・地域産業創生交付金	1,800	2,000
計	62,023	(62,223) 93,723

3 沖縄振興費（内閣府所管）

6年度(百万円)	5年度(百万円)	比較増△減(百万円)
	(107,761)	(△ 191)
107,570	113,906	△ 6,336

この経費は、沖縄の優位性を活かした自立型

経済の発展に向けて、より一層効果的な沖縄の振興に必要な施策の推進を図るための経費である。

内容の主なものは、次のとおりである。

（1） 沖縄振興交付金事業推進費

　　沖縄の実情に即してより的確かつ効果的に施策を展開するために24年度に創設された沖縄振興交付金については、経常的経費を対象とする沖縄振興特別推進交付金及び投資的経費を対象とする沖縄振興公共投資交付金に区分して計上しており、その内訳は、次のとおりである。

	6年度(百万円)	5年度(百万円)
沖縄振興特別推進交付金	39,449	39,049
沖縄振興公共投資交付金	36,806	(36,806) 40,745
計	76,255	(75,855) 79,794

（2） 沖縄北部連携促進特別振興事業費

　　沖縄県の均衡ある発展を図る必要があることに鑑み、北部地域の連携促進と自立的発展の条件整備として、産業振興や定住条件の整備等を行う北部振興事業に要する経費（非公共事業）として、4,450百万円（5年度当初予算額4,450百万円）を計上している。

（3） 沖縄振興開発金融公庫補給金等

　　沖縄振興開発金融公庫については、その業務の円滑な運営に資するための補給金として、955百万円（5年度当初予算額2,437百万円）を計上するほか、沖縄における新事業創出促進のための出資金として100百万円を計上している。

なお、沖縄振興費には、公共事業関係費その他の主要経費に計上されているものがあり、総額として257,697百万円（5年度当初予算額257,712百万円）を計上している。これに自動車安全特別会計空港整備勘定計上分を含め、沖縄振興予算全体としては、267,796百万円を計上している。

（参考） 沖縄振興費を含めた沖縄関係経費の所管別内訳は、次のとおりである。

	6年度(百万円)	5年度(百万円)
内閣府	258,859	(261,079) 293,834
内閣本府	246,709	(247,108) 279,988
沖縄振興交付金事業推進費	76,255	(75,855) 79,794
公共事業関係費	105,972	(105,599) 118,766
沖縄振興開発金融公庫補給金	955	(2,437) 4,550
沖縄振興開発金融公庫出資金	100	200
その他	63,427	(63,016) 76,678
沖縄総合事務局	10,989	(10,604) 10,479
公共事業関係費	5,705	(5,398) 5,277
その他	5,284	(5,206) 5,203
警察庁	1,143	1,941
こども家庭庁	18	1,427
法務省	—	(—) 270
外務省	54	51
財務省	306	257
文部科学省	1,522	1,491
厚生労働省	1,571	1,525
農林水産省	433	433
防衛省	316,252	(309,674) 359,077
うちSACO関係経費	415	398
うち米軍再編関係経費（地元負担軽減に資する措置）	112,987	(111,783) 160,239
計	578,997	(574,510) 656,938

（注） 計数中には、公共事業関係費その他の主要経費に計上されているものが含まれている。

4　北方対策費（内閣府所管、外務省所管及び国土交通省所管）

6年度(百万円)	5年度(百万円)	比較増△減(百万円)
2,094	(2,115) 2,107	(△ 21) △ 13

　この経費は、独立行政法人北方領土問題対策協会運営費交付金など北方領土問題に関する啓発等を行うために必要な経費である。

所管別内訳は、次のとおりである。

	6年度(百万円)	5年度(百万円)
		(1,701)
内　閣　府	1,683	1,694
外　務　省	309	311
国 土 交 通 省	102	102
		(2,115)
計	2,094	2,107

なお、北方対策費には食料安定供給関係費に計上されているものがあり、総額として2,241百万円（5年度当初予算額2,240百万円）を計上している。

5　青少年対策費（裁判所所管、内閣府所管、法務省所管、文部科学省所管及び厚生労働省所管）

6年度(百万円)	5年度(百万円)	比較増△減(百万円)
	(72,868)	(406)
73,274	74,393	△　1,119

この経費は、健全な青少年活動の助成等のために必要な経費である。

経費の内訳は、次のとおりである。

	6年度(百万円)	5年度(百万円)
（裁 判 所 所 管）		
少年事件処理経費	7	7
（内 閣 府 所 管）		
青年国際交流経費	1,346	1,331
青少年防犯関係経費	381	385
子ども・若者育成支援推進経費	1	1
計	1,729	1,717
（法 務 省 所 管）		
青少年事件処理経費	239	238
矯正施設経費	32,515	(32,233) 33,175
更生保護活動経費	18,627	(18,394) 18,403
そ の 他	942	(851) 905
計	52,322	(51,715) 52,721
（文部科学省所管）		
独立行政法人国立青少年教育振興機構運営費等	7,746	(7,947) 8,466
独立行政法人国立女性教育会館運営費等	479	506

芸術文化等の振興	7,035	7,034
そ の 他	39	48
計	15,298	(15,535) 16,054
（厚生労働省所管）		
勤労青少年の育成、福祉増進対策	80	79
職 業 訓 練 経 費	3,837	3,815
計	3,918	3,894
合　　計	73,274	(72,868) 74,393

（注）　計数中には、文化関係費に計上されているものが含まれている。

なお、青少年対策費には保健衛生対策費、雇用労災対策費、科学技術振興費、教育振興助成費及び食料安定供給関係費に計上されているものがあり、総額として89,801百万円（5年度当初予算額89,447百万円）を計上している。

6　情報システム関係経費（デジタル庁所管）

6年度(百万円)	5年度(百万円)	比較増△減(百万円)
	(481,188)	(△　861)
480,327	644,371	△　164,044

この経費は、「デジタル庁設置法」（令3法36）等に基づき、情報システムについて一元的な統括・監理を実施し、情報システムの統合・共通化、情報連携及び利用者目線での行政サービス改革等を一体的に推進するために必要な経費である。

7　文化関係費（文部科学省所管）

6年度(百万円)	5年度(百万円)	比較増△減(百万円)
	(104,712)	(△　1,590)
103,122	134,124	△　31,002

この経費は、芸術文化等の振興、文化財保護の充実、国立文化施設関係等に必要な経費である。

芸術文化等の振興については、文化芸術による創造性豊かな子供の育成、文化芸術創造活動への効果的な支援等を実施することとして、22,092百万円を計上している。

文化財保護の充実については、文化財修理の抜本的強化・防災対策等の充実、史跡等の保存整備・活用等を実施することとして、44,546百万円を計上している。

国立文化施設関係については、独立行政法人国立美術館運営費、独立行政法人日本芸術文化振興会運営費等に必要な経費として、29,397百万円を計上している。

経費の内訳は、次のとおりである。

	6年度(百万円)	5年度(百万円)
芸術文化等の振興	22,092	(22,975) 31,097
文化財保護の充実	44,546	(44,829) 64,907
国立文化施設関係	29,397	(29,515) 30,686
そ の 他	7,088	(7,394) 7,434
計	103,122	(104,712) 134,124

(注) 計数中には、青少年対策費に計上されているものが含まれている。

なお、文化庁予算(文部科学省所管)には科学技術振興費及びその他の事項経費があり、総額として106,098百万円(5年度当初予算額107,553百万円)を計上している。

8 国際観光旅客税財源充当事業費(皇室費及び国土交通省所管)

6年度(百万円)	5年度(百万円)	比較増△減(百万円)
44,000	20,000	24,000

この経費は、国際観光旅客税を財源として、より高次元な外国人観光旅客の来訪の促進等のための観光施策を展開していくために必要な経費である。

その内容の主なものは、次のとおりである。

(1) ストレスフリーで快適に旅行できる環境の整備

入管・税関の共同端末や保安検査場の機能増強による出入国・通関等の手続きの円滑化、ICT等を活用した観光地の受入環境整備等に必要な経費として、12,902百万円を計上している。

(2) 我が国の多様な魅力に関する情報の入手の容易化

デジタル技術を活用した戦略的な訪日プロモーションの実施等に必要な経費として、8,000百万円を計上している。

(3) 地域固有の文化、自然等を活用した観光資源の整備等による地域での体験滞在の満足度向上

三の丸尚蔵館等の整備、新たなインバウンド層の誘致のためのコンテンツ強化、文化資源を活用した観光コンテンツの造成、国立公園の環境整備等に必要な経費として、23,098百万円を計上している。

経費の内訳は、次のとおりである。

	6年度(百万円)	5年度(百万円)
(皇 室 費)		
国際観光旅客税財源宮廷に必要な経費	3,707	269
(国土交通省所管)		
国際観光旅客税財源出入国管理業務に必要な経費	7,201	3,648
国際観光旅客税財源輸出入貨物の通関及び関税等の徴収並びに監視取締りに必要な経費	2,491	737
国際観光旅客税財源文化資源の活用に必要な経費	8,116	4,000
国際観光旅客税財源観光振興に必要な経費	10,086	1,685
国際観光旅客税財源国立公園等資源の整備に必要な経費	5,099	2,545
国際観光旅客税財源独立行政法人国際観光振興機構運営費交付金に必要な経費	7,300	7,116
計	40,293	19,731
合 計	44,000	20,000

9 国有林野事業債務管理特別会計へ繰入(農林水産省所管)

6年度(百万円)	5年度(百万円)	比較増△減(百万円)
25,815	(29,114) 37,033	(△ 3,300) △ 11,218

この経費は、「特別会計に関する法律」(平19法23)に基づき、国有林野事業収入相当額等の借入金の償還財源及び借入金の利子の支払財源を国有林野事業債務管理特別会計へ繰り入れるために必要な経費である。

	6年度(百万円)	5年度(百万円)
借入金利子国有林野事業債務管理特別会計へ繰入	1,630	(1,133) 156
国有林野事業収入財源借入金債務処理費国有林野事業債務管理特別会計へ繰入	24,184	(27,981) 36,877
計	25,815	(29,114) 37,033

10 自動車安全特別会計へ繰入（国土交通省所管）

6年度(百万円)	5年度(百万円)	比較増△減(百万円)
6,500	(5,950) 7,261	(550) △ 761

この経費は、「平成6年度における財政運営のための国債整理基金に充てるべき資金の繰入れの特例等に関する法律」(平6法43)等に基づき自動車損害賠償責任再保険特別会計から一般会計へ繰り入れた額について、同法等に規定する運用収入に相当する額の一部を同法等に基づき自動車安全特別会計へ繰り入れるために必要な経費である。

東日本大震災復興特別会計への繰入

6年度(百万円)	5年度(百万円)	比較増△減(百万円)
5,721	(29,795) 36,253	(△ 24,074) △ 30,532

復興費用等の財源に充てるため、「特別会計に関する法律」(平19法23)に基づき、5,721百万円を一般会計から東日本大震災復興特別会計に繰り入れることとしている。

原油価格・物価高騰対策及び賃上げ促進環境整備対応予備費

6年度(百万円)	5年度(百万円)	比較増△減(百万円)
1,000,000	(4,000,000) 2,000,000	(△ 3,000,000) △ 1,000,000

原油価格・物価高騰に伴うエネルギー、原材料、食料等の安定供給対策及び物価高騰の下での賃金の引上げの促進に向けた環境整備に要する経費その他の物価高騰対策に係る緊急を要する経費の予見し難い予算の不足に充てるため、計上することとしている。

予　備　費

6年度(百万円)	5年度(百万円)	比較増△減(百万円)
1,000,000	500,000	500,000

予見し難い予算の不足に充てるため、計上することとしている。

（B）　歳　　入

1　租税及印紙収入

6年度(百万円)	5年度(百万円)	比較増△減(百万円)
	(69,440,000)	(168,000)
69,608,000	69,611,000	△ 3,000

現行法による6年度の租税及印紙収入は、719,680億円であって、5年度補正(第1号)後予算額に対して23,570億円の増加(5年度当初予算額に対して25,280億円の増加)が見込まれ

る。

この金額から、6年度に予定されている個人所得課税、法人課税等の税制改正による減収23,600億円を差し引くと、5年度補正(第1号)後予算額に対する減少額は30億円となる。

したがって、これらの税制改正を織り込んだ6年度の租税及印紙収入は、696,080億円であって、その税目別内訳は、次のとおりである。

令和6年度租税及印紙収入予算額

（単位　億円）

税　　　　目	5年度予算額 (A)	6年度 前年度予算額に対する現行法による増△減収見込額 (B)	6年度 現行法による収入見込額 (C)=(A)+(B)	6年度 税制改正による増△減収見込額 (D)	6年度 改正法による収入見込額(予算額) (E)=(C)+(D)	6年度 前年度予算額に対する増△減収見込額 (F)=(E)-(A)
所得税 源泉分	(175,150) 174,200	(△ 12,360) △ 11,410	162,790	△ 21,190	141,600	(△ 33,550) △ 32,600
申告分	(35,330) 38,750	(3,980) 560	39,310	△ 1,860	37,450	(2,120) △ 1,300
計	(210,480) 212,950	(△ 8,380) △ 10,850	202,100	△ 23,050	179,050	(△ 31,430) △ 33,900
法　人　税	(146,020) 146,620	(24,920) 24,320	170,940	△ 480	170,460	(24,440) 23,840
相　続　税	(27,760) 31,420	(5,160) 1,500	32,920	—	32,920	(5,160) 1,500
消　費　税	(233,840) 229,920	(4,460) 8,380	238,300	△ 70	238,230	(4,390) 8,310
酒　　　税	11,800	290	12,090	—	12,090	290
た ば こ 税	9,350	130	9,480	—	9,480	130
揮 発 油 税	(19,990) 21,000	(190) △ 820	20,180	—	20,180	(190) △ 820
石 油 ガ ス 税	50	△ 10	40	—	40	△ 10
航 空 機 燃 料 税	340	△ 20	320	—	320	△ 20
石 油 石 炭 税	6,470	△ 410	6,060	—	6,060	△ 410
電 源 開 発 促 進 税	3,240	△ 130	3,110	—	3,110	△ 130
自 動 車 重 量 税	3,780	240	4,020	—	4,020	240
国 際 観 光 旅 客 税	200	240	440	—	440	240
関　　　税	(11,220) 9,110	(△ 2,050) 60	9,170	—	9,170	(△ 2,050) 60

（単位　億円）

税　　　目	5 年 度予算額	6 年 度				
		前年度予算額に対する現行法による増△減収見込額	現行法による収入見込額	税制改正による増△減収見込額	改正法による収入見込額（予算額）	前年度予算額に対する増△減収見込額
	(A)	(B)	(C)＝(A)＋(B)	(D)	(E)＝(C)＋(D)	(F)＝(E)−(A)
と　ん　税	100	△　10	90	—	90	△　10
印紙収入　収入印紙	5,210	10	5,220	—	5,220	10
現　金　収　入	4,550	650	5,200	—	5,200	650
計	9,760	660	10,420	—	10,420	660
合　　　計	(694,400) 696,110	(25,280) 23,570	719,680	△　23,600	696,080	(1,680) △　30

(注)　消費税の税制改正による増△減収見込額△70億円は、6年度税制改正における特例輸入者による特例申告の納期限延長に係る担保要件の見直しによって、6年度に帰属する予定であった消費税額の一部が、納付時期のずれにより、7年度税収に帰属することによるものである。

2　官業益金及官業収入

6年度(百万円)	5年度(百万円)	比較増△減(百万円)
55,347	50,567	4,779

内訳は、次のとおりである。

	6年度(百万円)	5年度(百万円)
官　業　収　入	55,347	50,567
病　院　収　入	17,051	15,129
国有林野事業収入	38,296	35,438

以上のうち、国有林野事業収入は、立木竹等の売払見込数量等を勘案して見込んだものである。

3　政府資産整理収入

6年度(百万円)	5年度(百万円)	比較増△減(百万円)
229,410	(671,064) 690,617	(△　441,654) △　461,207

内訳は、次のとおりである。

	6年度(百万円)	5年度(百万円)
国有財産処分収入	64,837	465,049
国有財産売払収入	56,939	39,348
特定国有財産売払収入	2,228	9,299
東日本大震災復興国有財産売払収入	5,500	—
有償管理換収入	170	—
防衛力強化国有財産売払収入	—	416,402
回収金等収入	164,573	(206,015) 225,568
特別会計整理収入	67,980	74,129
貸付金等回収金収入	93,733	93,591
東日本大震災復興貸付金等回収金収入	216	216
引継債権整理収入	0	0
政府出資回収金収入	2,599	(8,461) 28,014
事故補償費返還金	44	43
東日本大震災復興放射性物質汚染対策緊急除染等事業費回収金収入	—	29,574
計	229,410	(671,064) 690,617

以上のうち、国有財産売払収入は、土地等の売払見込面積等を勘案して見込んだものである。

4　雑　　収　　入

	6年度(百万円)	5年度(百万円)	比較増△減(百万円)
		(8,596,604)	(△ 1,366,673)
	7,229,932	9,339,125	△ 2,109,194

内訳は、次のとおりである。

	6年度(百万円)	5年度(百万円)
国有財産利用収入	104,547	(107,268) 119,471
国有財産貸付収入	54,756	55,238
国有財産使用収入	3,559	3,180
利子収入	43	40
配当金収入	46,188	(48,811) 61,014
納付金	1,848,528	(1,429,561) 1,629,221
法科大学院設置者納付金	49	51
日本銀行納付金	1,117,300	946,400
独立行政法人造幣局納付金	509	1,099
独立行政法人日本スポーツ振興センター納付金	3,922	(3,751) 4,020
日本中央競馬会納付金	369,972	360,839
特定アルコール譲渡者納付金	10,070	10,520
特定タンカー所有者納付金	420	320
雑納付金	346,286	(31,980) 231,371
東日本大震災復興雑納付金	—	(—) 2
防衛力強化雑納付金	—	74,600
諸収入	5,276,857	(7,059,776) 7,590,433
特別会計受入金	1,271,891	943,977
東日本大震災復興食料安定供給特別会計受入金	1	1
防衛力強化特別会計受入金	971,278	3,731,917
脱炭素成長型経済構造移行推進特別会計受入金	11	143
公共事業費負担金	565,330	(561,733) 762,409
東日本大震災復興公共事業費負担金	3	3
授業料及入学検定料	108	112
許可及手数料	81,856	78,330
受託調査試験及役務収入	79,177	105,832
懲罰及没収金	85,385	86,688
弁償及返納金	767,503	(887,467) 995,278
物品売払収入	9,072	6,144
電波利用料収入	74,996	74,996
特定基地局開設料収入	13,600	12,700
矯正官署作業収入	2,433	2,239
文官恩給費特別会計等負担金	164	205
防衛力強化資金受入	1,154,824	—
附帯工事費負担金	20,061	17,589
雑入	179,165	180,681
防衛力強化弁償及返納金	—	(369,018) 591,189
計	7,229,932	(8,596,604) 9,339,125

　以上のうち、主なものについて説明すると、次のとおりである。

（１）　配当金収入の内訳は、次のとおりである。

	6年度(百万円)	5年度(百万円)
日本銀行配当金収入	3	3
日本郵政株式会社配当金収入	46,147	(48,771) 60,963
日本アルコール産業株式会社配当金収入	16	(16) 20
輸出入・港湾関連情報処理センター株式会社配当金収入	22	(21) 28
計	46,188	(48,811) 61,014

（２）　日本銀行納付金は、「日本銀行法」（平9法89）に基づき日本銀行から納付される納付金を見込んだものである。

（３）　日本中央競馬会納付金は、「日本中央競馬会法」（昭29法205）に基づき日本中央競馬会から納付される納付金を見込んだものであ

る。

（4）特別会計受入金は、「特別会計に関する法律」（平19法23）等に基づく各特別会計からの受入金を見込んだものであって、その内訳は、次のとおりである。

	6年度(百万円)	5年度(百万円)
財政投融資特別会計受入金	30,581	33
外国為替資金特別会計受入金	1,238,476	940,203
エネルギー対策特別会計受入金	0	0
年金特別会計受入金	109	189
食料安定供給特別会計受入金	2,590	3,408
自動車安全特別会計受入金	135	143
計	1,271,891	943,977

（5）防衛力強化特別会計受入金は、「我が国の防衛力の抜本的な強化等のために必要な財源の確保に関する特別措置法」（令5法69）に基づく防衛力整備計画対象経費の財源に充てるための外国為替資金特別会計及び労働保険特別会計雇用勘定からの受入金を見込んだものである。

	6年度(百万円)	5年度(百万円)
外国為替資金特別会計受入金	774,857	1,894,812
労働保険特別会計受入金	196,421	—
財政投融資特別会計特別措置受入金（財政融資資金勘定）	—	200,000
財政投融資特別会計受入金（投資勘定）	—	436,673
外国為替資金特別会計特別措置受入金	—	1,200,433
計	971,278	3,731,917

（6）公共事業費負担金は、一般会計で実施している直轄事業の負担金を地方公共団体等から受け入れることによる収入である。

（7）受託調査試験及役務収入の内訳は、次のとおりである。

	6年度(百万円)	5年度(百万円)
受託工事収入	62,877	89,680
地方消費税徴収取扱費受入	16,129	15,968
その他	171	184
計	79,177	105,832

（8）懲罰及没収金の内訳は、次のとおりである。

	6年度(百万円)	5年度(百万円)
交通反則者納金	48,493	51,557
罰金及科料	32,812	31,897
その他	4,079	3,235
計	85,385	86,688

（9）弁償及返納金の内訳は、次のとおりである。

	6年度(百万円)	5年度(百万円)
弁償及違約金	7,032	7,107
返納金	760,471	(880,361) 988,172
計	767,503	(887,467) 995,278

（10）電波利用料収入は、無線局数等を勘案して見込んだものである。

（11）防衛力強化資金受入は、「我が国の防衛力の抜本的な強化等のために必要な財源の確保に関する特別措置法」（令5法69）に基づく防衛力整備計画対象経費の財源に充てるための防衛力強化資金からの受入金を見込んだものである。

5 公 債 金

6年度(百万円)	5年度(百万円)	比較増△減(百万円)
	(35,623,000)	(△ 174,000)
35,449,000	44,498,000	△ 9,049,000

内訳は、次のとおりである。

	6年度(百万円)	5年度(百万円)
公 債 金	6,579,000	(6,558,000) 9,068,000
特 例 公 債 金	28,870,000	(29,065,000) 35,430,000
計	35,449,000	(35,623,000) 44,498,000

以上について説明すると、次のとおりである。

（1）公債金は、「財政法」（昭22法34）第4条第1項ただし書の規定により発行する公債の収入である。

なお、「財政法」（昭22法34）第4条第3項の規定による公共事業費の範囲は、一般会計

予算予算総則第7条に掲げるとおりである
が、その金額並びに出資金及び貸付金の合計
額は6,838,279百万円となる。
（2）特例公債金は、「財政運営に必要な財源
の確保を図るための公債の発行の特例に関す
る法律」（平24法101）第3条第1項の規定に
より発行する公債の収入である。

（参考）公共事業費、出資金及び貸付金の金額

（単位　百万円）

1　公　共　事　業　費	
（1）公共事業関係費	
治山治水対策事業費	788,651
道路整備事業費	1,423,266
港湾空港鉄道等整備事業費	307,465
住宅都市環境整備事業費	585,898
公園水道廃棄物処理等施設整備費	195,874
農林水産基盤整備事業費	570,781
社会資本総合整備事業費	1,377,105
推　進　費　等	62,338
災害復旧等事業費	67,654
小　　　計	5,379,031
（2）その他施設費	
衆議院施設費	2,171
参議院施設費	1,119
国立国会図書館施設費	1,053
裁判所施設費	14,639
内閣官房施設費	1,619
情報収集衛星施設費	1,047
内閣本府施設費	5,336
沖縄政策費（沖縄科学技術大学院大学学園施設整備費補助金に限る。）	1,818
沖縄振興交付金事業推進費（沖縄振興公共投資交付金に限る。）	36,806
沖縄教育振興事業費	4,440
沖縄国立大学法人施設整備費	14,262
地方創生推進費（地方創生拠点整備交付金に限る。）	5,000
警察庁施設費	8,927
交通警察費（都道府県警察施設整備費補助金に限る。）	16,828
警察活動基盤整備費（都道府県警察施設整備費補助金に限る。）	5,527
国立児童自立支援施設整備費	39
児童福祉施設等整備費	31,614
総務本省施設費	1,039
国立研究開発法人情報通信研究機構施設整備費	311
情報通信技術利用環境整備費（放送ネットワーク整備支援事業費補助金に限る。）	1,246
消防庁施設費	45
消防防災体制等整備費（消防防災施設整備費補助金に限る。）	1,972
更生保護企画調整推進費（更生保護施設整備費補助金に限る。）	27
法務省施設費	22,310
外務本省施設費	921
独立行政法人国際協力機構施設整備費	709
在外公館施設費	6,166
財務本省施設費	263
公務員宿舎施設費	7,280
特定国有財産整備費	9,169
財務局施設費	295
税関施設費	451
船舶建造費（税関分）	1,079
国税庁施設費	2,850
独立行政法人国立高等専門学校機構施設整備費	2,317
私立学校振興費（私立学校施設整備費補助金に限る。）（文部科学本省分）	5,649
研究振興費（特定先端大型研究施設整備費補助金に限る。）	340
国立大学法人施設整備費	36,559
国立研究開発法人科学技術振興機構施設整備費	139
国立研究開発法人量子科学技術研究開発機構施設整備費	3,956
国立研究開発法人海洋研究開発機構船舶建造費	3,736
国立研究開発法人宇宙航空研究開発機構施設整備費	6,146
公立文教施設整備費	68,777
私立学校振興費（スポーツ庁分）	80
文化財保存事業費（国宝重要文化財等防災施設整備費補助金及び史跡等購入費補助金に限る。）	12,316
文化財保存施設整備費	568
独立行政法人国立美術館施設整備費	100
厚生労働本省施設費	144
国立研究開発法人国立精神・神経医療研究センター施設整備費	1,020
国立研究開発法人国立成育医療研究センター施設整備費	1,472
ハンセン病資料館施設費	588

項目	金額	項目	金額
医療提供体制基盤整備費(医療施設等施設整備費補助金及び医療提供体制施設整備交付金に限る。)	5,254	農林水産技術会議施設費	150
保健衛生施設整備費	3,869	国立研究開発法人農業・食品産業技術総合研究機構施設整備費(農林水産技術会議分)	930
社会福祉施設整備費	4,917	国立研究開発法人国際農林水産業研究センター施設整備費	180
障害保健福祉費(心神喪失者等医療観察法指定入院医療機関施設整備費負担金に限る。)	438	地方農政局施設費	422
介護保険制度運営推進費(地域介護・福祉空間整備等施設整備交付金に限る。)	1,167	北海道農政事務所施設費	22
国立研究開発法人医薬基盤・健康・栄養研究所施設整備費	253	林野庁施設費	992
検疫所施設費	111	国立研究開発法人森林研究・整備機構施設整備費	424
国立ハンセン病療養所施設費	3,151	森林整備・林業等振興対策費(森林整備・林業等振興整備交付金に限る。)	5,394
厚生労働本省試験研究所施設費	413	船舶建造費(水産庁分)	205
国立障害者リハビリテーションセンター施設費	37	漁村活性化対策費(漁村活性化対策地方公共団体整備費補助金に限る。)	450
地方厚生局施設費	80	水産業強化対策費(水産業強化対策整備交付金に限る。)	1,821
都道府県労働局施設費	175	経済産業本省施設費	3,003
農林水産本省施設費	311	経済産業局施設費	188
農林水産物・食品輸出促進対策費(農林水産物・食品輸出促進対策整備交付金に限る。)	152	国土交通本省施設費	70
食料安全保障確立対策費(食料安全保障確立対策整備交付金に限る。)	94	河川管理施設整備費	51
担い手育成・確保等対策費(担い手育成・確保等対策地方公共団体整備費補助金に限る。)	398	整備新幹線建設推進高度化等事業費	1,603
農地集積・集約化等対策費(農地集積・集約化等対策整備交付金に限る。)	19,843	離島振興費(小笠原諸島振興開発事業費補助に限る。)	902
農業生産基盤整備推進費(特殊自然災害対策整備費補助金及び農業水利施設保全管理整備交付金に限る。)	29,443	国立研究開発法人土木研究所施設整備費	360
国産農産物生産基盤強化等対策費(国産農産物生産基盤強化等対策整備交付金に限る。)	2,350	国立研究開発法人建築研究所施設整備費	77
国立研究開発法人農業・食品産業技術総合研究機構施設整備費(農林水産本省分)	146	国立研究開発法人海上・港湾・航空技術研究所施設整備費	100
独立行政法人家畜改良センター施設整備費	65	官庁営繕費	17,421
農業・食品産業強化対策費(農業・食品産業強化対策整備交付金に限る。)	11,972	国土技術政策総合研究所施設費	102
農林水産業環境政策推進費(農林水産業環境政策推進整備交付金に限る。)	80	国土地理院施設費	60
		地方整備局施設費	1
農山漁村活性化対策費(農山漁村活性化対策整備交付金及び農山漁村情報通信環境整備交付金に限る。)	6,745	北海道開発局施設費	36
		気象官署施設費	73
		海上保安官署施設費	4,107
農林水産本省検査指導所施設費	182	船舶建造費(海上保安庁分)	31,984
		環境本省施設費	1,660
		資源循環政策推進費(廃棄物処理施設整備交付金に限る。)	1,198
		生物多様性保全等推進費(環境保全施設整備費補助金に限る。)	224
		環境保全施設整備費	418
		環境保健対策推進費(水俣病総合対策施設整備費補助金に限る。)	307
		国立研究開発法人国立環境研究所施設整備費	671
		地方環境事務所施設費	40

原子力規制委員会施設費	1,799
防衛本省施設費	2,823
防衛力基盤強化施設整備費 （防衛本省分）	282,217
艦船建造費	65,724
令和2年度潜水艦建造費	16,372
令和3年度甲Ⅴ型警備艦建造費	21,126
令和3年度潜水艦建造費	13,833
令和4年度甲Ⅴ型警備艦建造費	43,548
令和4年度潜水艦建造費	16,765
令和5年度甲Ⅴ型警備艦建造費	17,028
令和5年度潜水艦建造費	6,593
令和6年度甲Ⅴ型警備艦建造費	1,697
令和6年度甲Ⅵ型警備艦建造費	585
令和6年度潜水艦建造費	6,268
地方防衛局施設費	194
防衛力基盤強化施設整備費 （防衛装備庁分）	16,964
小　計	1,032,518
計	6,411,549
2　出資金	
沖縄振興開発金融公庫出資金	100
出資国債等償還財源国債整理基金特別会計へ繰入	201,686
政府開発援助独立行政法人国際協力機構有償資金協力部門出資金	48,480
政府開発援助米州投資公社出資金	28
株式会社日本政策金融公庫出資金（財務省分）	46,600
株式会社日本政策金融公庫出資金（農林水産省分）	74
国立研究開発法人森林研究・整備機構出資金	9,144
独立行政法人日本高速道路保有・債務返済機構出資金	29
中間貯蔵・環境安全事業株式会社出資金	2,068
計	308,209

3　貸付金	
災害援護貸付金	150
母子父子寡婦福祉貸付金	1,419
育英資金貸付金	97,434
都市開発資金貸付金	3,273
電線敷設工事資金貸付金	25
自動運行補助施設設置工事資金貸付金	25
埠頭整備等資金貸付金	8,763
港湾開発資金貸付金	200
特定連絡道路工事資金貸付金	25
有料道路整備資金貸付金	7,201
連続立体交差事業資金貸付金	7
計	118,522
合　計	6,838,279

（備考）

1　上記の計数は、説明の便に供するため、公共事業費については、公共事業関係費は主要経費別、その他施設費は項別によることとし、出資金及び貸付金については、目別によることとした。

2　上記の公共事業関係費の計数は、公共事業関係費6,082,750百万円から（1）住宅対策諸費（住宅建設事業調査費を除く。）34,665百万円及び民間都市開発推進機構補給金3百万円、（2）航空機燃料税財源空港整備事業費29,491百万円、公共事業費負担金相当額557,933百万円、受託工事収入人件費等相当額38,312百万円、附帯工事費負担金人件費等相当額13,550百万円及び河川管理費人件費等相当額1,073百万円、（3）国立研究開発法人森林研究・整備機構出資金9,144百万円及び独立行政法人日本高速道路保有・債務返済機構出資金29百万円並びに（4）都市開発資金貸付金3,273百万円、電線敷設工事資金貸付金25百万円、自動運行補助施設設置工事資金貸付金25百万円、埠頭整備等資金貸付金8,763百万円、港湾開発資金貸付金200百万円、特定連絡道路工事資金貸付金25百万円、有料道路整備資金貸付金7,201百万円及び連続立体交差事業資金貸付金7百万円の合計703,719百万円を控除したものである。

第3　特　別　会　計

「財政法」(昭22法34)第13条第2項においては、

（イ）　特定の事業を行う場合、

（ロ）　特定の資金を保有してその運用を行う場合、

（ハ）　その他特定の歳入をもって特定の歳出に充て、一般の歳入歳出と区分して経理する必要がある場合

に限り、法律により特別会計を設置するものとされている。

6年度においては、特別会計の数は次の13となっている。

(特別会計一覧)

・交付税及び譲与税配付金特別会計(内閣府、総務省及び財務省)
・地震再保険特別会計(財務省)
・国債整理基金特別会計(財務省)
・外国為替資金特別会計(財務省)
・財政投融資特別会計(財務省及び国土交通省)
・エネルギー対策特別会計(内閣府、文部科学省、経済産業省及び環境省)
・労働保険特別会計(厚生労働省)
・年金特別会計(内閣府及び厚生労働省)
・食料安定供給特別会計(農林水産省)
・国有林野事業債務管理特別会計(農林水産省)
・特許特別会計(経済産業省)
・自動車安全特別会計(国土交通省)
・東日本大震災復興特別会計(国会、裁判所、会計検査院、内閣、内閣府、デジタル庁、復興庁、総務省、法務省、外務省、財務省、文部科学省、厚生労働省、農林水産省、経済産業省、国土交通省、環境省及び防衛省)

各特別会計の経理する内容は、それぞれ異なるものであるが、6年度予算における各特別会計の歳出額を単純に合計した歳出総額は、436.0兆円である。このうち、会計間の取引額等の重複額等を控除した特別会計の純計額は、207.9兆円である。

この207.9兆円には、国債償還費等89.7兆円(5年度当初予算比7.7兆円増)、社会保障給付費78.4兆円(同3.0兆円増)、地方交付税交付金等(地方譲与税等を含む。)22.2兆円(同2.3兆円増)、財政融資資金への繰入10.0兆円(同2.0兆円減)が含まれており、純計額よりこれらを除いた額は7.7兆円となっている。さらに、東日本大震災からの復興に関する事業に係る経費0.6兆円(同0.1兆円減)を除いた額は、7.1兆円となり、5年度当初予算額に対して0.3兆円の減少となっている。

純計額の主な内訳を含め、以上を整理すれば次のとおりである。

	6年度 (百万円)	5年度 当初(百万円)
特 別 会 計 歳 出 総 額	436,036,157	111,908,848
特 別 会 計 の 会 計 間 取 引 額	62,502,263	56,492,562
特 別 会 計 内 の 勘 定 間 取 引 額	29,851,751	28,698,268
一 般 会 計 へ の 繰 入 額	250,532	1,852,958
国債整理基金特別会計における借換償還額	135,515,353	157,551,331
純 計 額	207,916,258	197,313,729
i 国 債 償 還 費 等	89,682,271	81,964,152
ii 社 会 保 障 給 付 費	78,426,591	75,384,233
iii 地 方 交 付 税 交 付 金 等	22,153,889	19,870,954
iv 財 政 融 資 資 金 へ の 繰 入	10,000,000	12,000,000
上 記 i ～ iv を 除 い た 純 計 額	7,653,506	8,094,390
v 復 興 関 連 経 費	550,621	652,248
上 記 i ～ v を 除 い た 純 計 額	7,102,886	7,442,142

1 交付税及び譲与税配付金特別会計

この会計は、地方交付税及び地方譲与税(地方揮発油譲与税、森林環境譲与税、石油ガス譲与税、特別法人事業譲与税、自動車重量譲与税、航空機燃料譲与税及び特別とん譲与税を総称する。)の配付に関する経理を明確にするために設けられたものである。

また、地方特例交付金及び交通安全対策特別交付金についても、この会計に計上することとしている。

6年度の主な内容は、次のとおりである。

(1) 歳入において、6年度の所得税及び法人税の収入見込額の100分の33.1に相当する額11,568,781百万円、酒税の収入見込額の100分の50に相当する額604,500百万円並びに消費税の収入見込額の100分の19.5に相当する額4,645,485百万円の合算額16,818,766百万円から、① 20年度、21年度、28年度、元年度及び2年度の地方交付税の精算額のうち「地方交付税法」(昭25法211)等に基づき6年度分の地方交付税の総額から減額することとされている額513,255百万円を控除し、②同法等において6年度分の地方交付税の総額に加算することとされている額348,800百万円を加算した額16,654,311百万円を一般会計から受け入れることとしている。

財政投融資特別会計投資勘定からは、「地方公共団体金融機構法」(平19法64)に基づき、地方交付税交付金の財源に充てるため、同勘定に帰属する地方公共団体金融機構の公庫債権金利変動準備金に相当する額として200,000百万円を受け入れることとしている。

東日本大震災復興特別会計から震災復興特別交付税に充てるための財源として56,974百万円を受け入れることとしている。

地方法人税については、1,975,000百万円を計上し、その全額から28年度地方法人税決算精算額を控除した額を地方交付税交付金の財源としている。

上記の一般会計からの受入等については、

歳出において、借入金の償還金及び利子並びに一時借入金の利子の支払いの一部の財源に充てるとともに、地方交付税交付金18,243,909百万円(うち、震災復興特別交付税61,117百万円)を計上することとしている。

(2)　「地方特例交付金等の地方財政の特別措置に関する法律」(平11法17)に基づき、歳入において一般会計からの受入1,120,800百万円を計上することとし、これを財源として歳出において個人住民税における住宅借入金等特別税額控除による減収額を補塡するため都道府県及び市町村(特別区を含む。)に交付する住宅借入金等特別税額控除減収補塡特例交付金(仮称)並びに個人住民税の定額減税による減収額を補塡するため都道府県及び市町村(特別区を含む。)に交付する定額減税減収補塡特例交付金(仮称)の合計額を、地方特例交付金として計上することとしている。

(3)　「地方税法」(昭25法226)に基づき、歳入において一般会計からの受入11,200百万円を計上することとし、これを財源として歳出において「新型コロナウイルス感染症緊急経済対策」(2年4月20日閣議決定)における税制上の措置による減収額を補塡するため都道府県及び市町村に交付する固定資産税減収補塡特別交付金を、新型コロナウイルス感染症対策地方税減収補塡特別交付金として計上することとしている。

(4)　「道路交通法」(昭35法105)に基づき、地方の道路交通安全施設の設置等の財源に充てるため、歳入において交通反則者納金の収入48,493百万円を一般会計から受け入れることとし、これらを財源として歳出において交通安全対策特別交付金等を計上することとしている。同交付金については、一定の基準により都道府県及び市町村(特別区を含む。)に交付することとしている。

(5)　地方揮発油税の収入を受け入れ、「地方揮発油譲与税法」(昭30法113)に基づき、地方揮発油譲与税譲与金として、一定の基準により都道府県及び市町村(特別区を含む。)に譲与することとしている。

(6)　森林環境税の収入を受け入れるとともに、財政投融資特別会計投資勘定から「地方公共団体金融機構法」(平19法64)に基づき同勘定に帰属する地方公共団体金融機構の公庫債権金利変動準備金に相当する額として30,000百万円を受け入れることとし、これらを財源として、「森林環境税及び森林環境譲与税に関する法律」(平31法3)に基づき、都道府県及び市町村(特別区を含む。)が実施する森林の整備及びその促進に関する施策の財源に充てるため、森林環境譲与税譲与金として64,100百万円を歳出に計上し、一定の基準により都道府県及び市町村(特別区を含む。)に譲与することとしている。

(7)　石油ガス税の収入の2分の1に相当する額を受け入れ、「石油ガス譲与税法」(昭40法157)に基づき、石油ガス譲与税譲与金として、一定の基準により都道府県及び「道路法」(昭27法180)第7条第3項に規定する指定市に譲与することとしている。

(8)　特別法人事業税の収入を受け入れ、「特別法人事業税及び特別法人事業譲与税に関する法律」(平31法4)に基づき、特別法人事業譲与税譲与金として、一定の基準により都道府県に譲与することとしている。

(9)　自動車重量税の収入の1,000分の431に相当する額を受け入れ、「自動車重量譲与税法」(昭46法90)に基づき、自動車重量譲与税譲与金として、一定の基準により都道府県及び市町村(特別区を含む。)に譲与することとしている。

(10)　航空機燃料税の収入の13分の4に相当する額を受け入れ、「航空機燃料譲与税法」(昭47法13)に基づき、空港関係都道府県及び空港関係市町村の航空機騒音対策事業費等の財源に充てるため、航空機燃料譲与税譲与金として、一定の基準により同法に規定する都道府県及び市町村(特別区を含む。)に譲与することとしている。

(11)　特別とん税の収入を受け入れ、「特別とん譲与税法」(昭32法77)に基づき、特別とん譲与税譲与金として、徴収地港の所在する都

及び市町村に譲与することとしている。

(12) 財政融資資金及び民間からの借入金を計上している。借入金の償還金及び利子並びに一時借入金の利子の支払いの財源を国債整理基金特別会計に繰り入れることとしている。

この会計の歳入歳出予算の大要は、次のとおりである。

	6年度(百万円)	5年度(百万円)
（歳　入）		
一般会計より受入	17,834,805	(16,450,732) 17,232,716
財政投融資特別会計より受入	230,000	(150,000) 50,000
東日本大震災復興特別会計より受入	56,974	62,246
地方法人税	1,975,000	(1,891,900) 1,902,100
地方揮発油税	215,900	(213,900) 224,700
森林環境税	43,400	—
石油ガス税	4,000	5,000
特別法人事業税	2,121,300	(2,009,300) 2,111,700
自動車重量税	304,500	286,400
航空機燃料税	14,200	15,200
特別とん税	11,300	12,500
借入金	28,112,295	(28,312,295) 28,612,295
雑収入	2	2
前年度剰余金受入	1,645,890	(1,764,331) 1,830,563
東日本大震災復興前年度剰余金受入	4,144	3,156
計	52,573,709	(51,176,962) 52,348,578
（歳　出）		
地方交付税交付金	18,243,909	(17,002,354) 18,060,770
地方特例交付金	1,120,800	204,500
新型コロナウイルス感染症対策地方税減収補塡特別交付金	11,200	12,400
交通安全対策特別交付金	48,680	51,600
地方揮発油譲与税譲与金	215,300	(216,400) 222,300
森林環境譲与税譲与金	64,100	50,000
石油ガス譲与税譲与金	4,300	5,000
特別法人事業譲与税譲与金	2,118,600	(2,013,700) 2,113,000
自動車重量譲与税譲与金	301,300	287,400
航空機燃料譲与税譲与金	14,300	15,200
特別とん譲与税譲与金	11,400	12,400
事務取扱費	266	265
諸支出金	283	298
国債整理基金特別会計へ繰入	29,710,179	29,669,495
予備費	2,530	2,600
計	51,867,147	(49,543,613) 50,707,229

2　地震再保険特別会計

この会計は、「地震保険に関する法律」(昭41法73)に基づき、保険会社等が行う地震保険に対する政府の地震再保険事業に関する経理を明確にするために設けられたものである。

この会計の歳入歳出予算の大要は、次のとおりである。

	6年度(百万円)	5年度(百万円)
（歳　入）		
再保険料収入	82,450	80,217
雑収入	30,878	28,763
計	113,328	108,980
（歳　出）		
再保険費	113,241	108,891
事務取扱費	87	89
予備費	1	1
計	113,328	108,980

3　国債整理基金特別会計

この会計は、国債の償還及び発行を円滑に行うための資金として国債整理基金を置き、その経理を明確にするために設けられたものである。

この会計の歳入歳出予算の大要は、次のとおりである。

	6年度(百万円)	5年度(百万円)
（歳　入）		
他会計より受入	88,856,307	(81,324,198) 80,146,464
一般会計より受入	27,008,257	(25,249,411) 25,673,834

項目		
交付税及び譲与税配付金特別会計等より受入	61,848,050	(56,074,787) 54,472,630
東日本大震災復興他会計より受入	25,411	(15,587) 188,355
東日本大震災復興特別会計より受入	25,411	(15,587) 188,355
脱炭素成長型経済構造移行推進他会計より受入	59,548	(607) 2,686
エネルギー対策特別会計より受入	59,548	(607) 2,686
租　　　税	114,300	112,800
公　債　金	131,500,477	(153,121,222) 150,769,124
復興借換公債金	3,164,043	(3,326,663) 3,217,660
脱炭素成長型経済構造移行借換公債金	850,833	1,103,446
東日本大震災復興株式売払収入	169,152	(200,245) 270,850
東日本大震災復興配当金収入	4,965	(5,440) 8,041
運　用　収　入	98,645	29,281
東日本大震災復興運用収入	404	145
脱炭素成長型経済構造移行推進運用収入	199	—
雑　収　入	291,897	(234,040) 147,145
東日本大震災復興雑収入	58	(22) —
脱炭素成長型経済構造移行推進雑収入	2,748	—
前年度剰余金受入	—	(一) 9,041
東日本大震災復興前年度剰余金受入	—	(一) 0
計	225,138,987	(239,473,695) 236,005,037
（歳　出）		
国債整理支出	220,861,626	(234,821,541) 231,213,854
公債等償還	209,233,972	(224,745,556) 222,195,929
公債利子等支払	11,505,005	(10,022,751) 8,965,581
公債等償還及び発行諸費等	122,649	(53,233) 52,344
復興債整理支出	3,364,033	(3,548,101) 3,685,050
脱炭素成長型経済構造移行債整理支出	913,328	(1,104,053) 1,106,133
計	225,138,987	(239,473,695) 236,005,037

（注）　6年度の公債金131,500,477百万円は、6年度中に償還期限の到来する公債等の借換えのため「特別会計に関する法律」（平19法23）第46条第1項の規定により発行する公債及び6年度における国債の整理又は償還のため同法第47条第1項の規定により発行した公債（前倒債）に係る公債金収入の見込額である。

（参考）
　国債整理基金の年度末基金残高は、次のとおりである。

	6年度予定 (億円)	5年度実績見込み(億円)
償還財源繰入額等	740,972	674,237
うち復興債償還財源	1,700	3,015
うち脱炭素成長型経済構造移行債償還財源	—	—
償　還　額	740,966	674,243
うち復興債	1,700	3,015
うち脱炭素成長型経済構造移行債	—	—
差引基金増△減額	6	△　6
年度末基金残高	30,045	30,038

4　外国為替資金特別会計

　この会計は、政府が行う外国為替等の売買及びこれに伴う取引を円滑にするために置かれた外国為替資金の運営に関する経理を明確にするために設けられたものである。外国為替資金の運営に基づく収益金及びその運営に要する経費等を歳入歳出とし、外国為替等の売買等に伴う外国為替資金の受払いは、歳入歳出外として経理される。

　6年度においては、外国為替資金に属する現金の不足を補うための一時借入金等の限度額を、過去の実績等を勘案して195,000,000百万円としている。

また、「特別会計に関する法律」(平19法23)第8条第2項の規定により5年度において生ずる決算上の剰余のうち2,013,332百万円を6年度の一般会計の歳入に繰り入れることとしており、このうち774,857百万円を「我が国の防衛力の抜本的な強化等のために必要な財源の確保に関する特別措置法」(令5法69)に基づく防衛力整備計画対象経費の財源に充てることとしている。

なお、株式会社国際協力銀行に対し、グローバル投資強化ファシリティにおいて資金需要の増加等に伴い外貨資金が必要な場合にあっては、外国為替資金からの貸付けを行う場合がある。

この会計の歳入歳出予算の大要は、次のとおりである。

	6年度(百万円)	5年度(百万円)
（歳　　入）		
外国為替等売買差益	157,750	157,200
運　用　収　入	4,305,212	2,830,933
雑　　収　　入	3	3
計	4,462,965	2,988,136
（歳　　出）		
事　務　取　扱　費	3,147	2,931
諸　支　出　金	524,923	426,364
融通証券事務取扱費一般会計へ繰入	1	1
国債整理基金特別会計へ繰入	489,149	489,591
防衛力強化一般会計へ繰入	—	1,200,433
予　　備　　費	300,000	300,000
計	1,317,220	2,419,319

5　財政投融資特別会計

この会計は、財政融資資金の運用並びに産業の開発及び貿易の振興のために国の財政資金をもって行う投資に関する経理を明確にするために設けられたもので、財政融資資金勘定及び投資勘定より成っている。

また、庁舎等その他の施設の用に供する特定の国有財産(公共用財産等及び他の特別会計に属するものを除く。)の使用の効率化と配置の適正化を図るために定められる特定国有財産整備

計画の実施による特定の国有財産の取得及び処分に関する経理を行うために設けられた特定国有財産整備特別会計が21年度末で廃止されたことに伴い、21年度末までに策定されていた事業で完了していない事業の経理を行うため、22年度から当該事業が完了する年度までの間の経過措置として特定国有財産整備勘定が設けられており、事業完了後の残余財産は一般会計に承継予定である。

6年度の主な内容は、次のとおりである。

（1）　財政融資資金勘定

この勘定の負担において発行する公債の限度額を10,000,000百万円、一時借入金等の限度額を15,000,000百万円としている。

（2）　投　資　勘　定

歳入については、運用収入として株式会社国際協力銀行、地方公共団体金融機構等の納付金、日本たばこ産業株式会社、日本電信電話株式会社等の配当金等を見込むほか、前年度剰余金受入等と合わせて計736,219百万円を見積もることとしている。

歳出については、成長力強化に向けた重要分野への投資等のため、474,700百万円(5年度当初予算額429,800百万円)の産業投資支出を行うこととしている。

また、「特別会計に関する法律」(平19法23)に基づき、この勘定から一般会計への繰入金として、30,536百万円を計上することとしている。

なお、6年度においては、地方の財源不足の補塡及び森林環境譲与税の譲与財源に充てるため、地方公共団体金融機構の納付金230,000百万円を交付税及び譲与税配付金特別会計へ特例的に繰り入れることとしている。

（3）　特定国有財産整備勘定

庁舎等の移転再配置、地震防災機能を発揮するために必要な庁舎の整備を行うため、7,694百万円の特定国有財産整備費を計上している。

この会計の歳入歳出予算の大要は、次のとおりである。

（1）財政融資資金勘定

（歳入）

	6年度(百万円)	5年度(百万円)
資金運用収入	951,712	(785,114) 632,159
公債金	10,000,000	(12,000,000) 5,000,000
財政融資資金より受入	14,856,615	(10,835,145) 9,335,145
積立金より受入	33,695	(251,038) 283,800
雑収入	54,920	(30,254) 11,601
他勘定より受入	—	26
計	25,896,942	(23,901,577) 15,262,730

（歳出）

	6年度(百万円)	5年度(百万円)
財政融資資金へ繰入	10,000,000	(12,000,000) 5,000,000
事務取扱費	7,333	(6,029) 6,059
諸支出金	435,554	(255,647) 206,531
公債等事務取扱費一般会計へ繰入	46	33
国債整理基金特別会計へ繰入	15,453,960	(11,439,807) 9,850,048
防衛力強化一般会計へ繰入	—	200,000
予備費	50	60
計	25,896,942	(23,901,577) 15,262,730

（参考）

「特別会計に関する法律」(平19法23)第65条の規定による金利スワップ取引については、6年度は、想定元本で1,200,000百万円を上限として実施する予定である。

なお、財政融資資金の長期運用予定額は、次のとおりである(「財政投融資計画の説明」参照)。

	6年度(百万円)	5年度(百万円)(当初計画)
特別会計	44,600	127,600
政府関係機関	6,079,100	8,292,200
独立行政法人等	1,837,300	1,866,300
地方公共団体	2,325,800	2,423,800
計	10,286,800	12,709,900

（2）投資勘定

（歳入）

	6年度(百万円)	5年度(百万円)
運用収入	612,770	(423,370) 433,762
償還金収入	22,157	(12,950) 14,080
利子収入	81	(72) 688
納付金	257,793	(164,695) 140,948
配当金収入	230,609	(225,919) 258,170
出資回収金収入	102,130	(19,733) 19,875
雑収入	0	3
前年度剰余金受入	123,449	(593,333) 661,470
計	736,219	(1,016,707) 1,095,235

（歳出）

	6年度(百万円)	5年度(百万円)
産業投資支出	474,700	(429,800) 502,800
事務取扱費	883	108
一般会計へ繰入	30,536	—
地方公共団体金融機構納付金収入交付税及び譲与税配付金特別会計へ繰入	230,000	(150,000) 50,000
国債整理基金特別会計へ繰入	0	0
地方公共団体金融機構納付金収入財政融資資金勘定へ繰入	—	26
防衛力強化一般会計へ繰入	—	436,673
予備費	100	100
計	736,219	(1,016,707) 989,707

なお、この勘定の投資計画は、次のとおりである(「財政投融資計画の説明」参照)。

	6年度(百万円)	5年度(百万円)
出資金		
株式会社日本政策金融公庫	—	28,800
沖縄振興開発金融公庫	7,000	7,000
株式会社国際協力銀行	116,000	(90,000) 113,000
独立行政法人鉄道建設・運輸施設整備支援機構	2,000	1,200
独立行政法人エネルギー・金属鉱物資源機構	84,800	139,200

株式会社脱炭素化支援機構	25,000	40,000
株式会社日本政策投資銀行	85,000	(40,000) 90,000
株式会社産業革新投資機構	80,000	―
株式会社海外需要開拓支援機構	9,000	8,000
株式会社海外交通・都市開発事業支援機構	29,900	51,200
株式会社海外通信・放送・郵便事業支援機構	36,000	24,400
計	474,700	(429,800) 502,800

（注）　「産業競争力強化法」（平25法98）の規定により、株式会社産業革新投資機構が、同法に規定する特定政府出資会社の政府が保有する株式の全部を譲り受けたときにおいて、当該特定政府出資会社の上記出資金の計画額のうち出資するに至っていない金額がある場合には、この金額は、株式会社産業革新投資機構に承継されるものとする。

（3）　特定国有財産整備勘定

　（歳　　入）

国有財産売払収入	11,251	13,282
雑　　収　　入	52	79
前年度剰余金受入	40,624	56,683
計	51,927	70,044

　（歳　　出）

特定国有財産整備費	7,694	18,547
事　務　取　扱　費	573	587
予　　備　　費	―	10
計	8,267	19,144

6　エネルギー対策特別会計

　この会計は、エネルギー需給勘定、電源開発促進勘定及び原子力損害賠償支援勘定に区分され、燃料安定供給対策、エネルギー需給構造高度化対策、電源立地対策、電源利用対策、原子力安全規制対策及び原子力損害賠償支援対策に関する経理を明確にするために設けられたものであり、それぞれの対策に要する費用の財源に充てる額は一般会計からの繰入れ、財政融資資金からの借入金等である。

　また、「脱炭素成長型経済構造への円滑な移行の推進に関する法律」（令5法32）に基づき、カーボンプライシング導入の結果として得られる将来の財源を裏付けとした公債の発行により、脱炭素成長型経済構造への円滑な移行の推進に関する施策に要する費用（以下「脱炭素成長型経済構造移行費用」という。）の財源に充てることとしている。

　6年度の主な内容は、次のとおりである。

（1）　エネルギー需給勘定

　（イ）　燃料安定供給対策

　　　石油・天然ガスの安定供給確保のため、必要な開発案件への支援、石油・天然ガスの探鉱及び地質構造の調査並びに石油・天然ガス開発関連技術の研究開発の効果的・効率的な推進のために必要な経費を計上しているほか、石油等の備蓄の着実な維持・管理に必要な経費を計上している。さらに、開発・精製分野を中心とした産油・産ガス・産炭国との共同研究、人的交流、投資促進事業など、我が国の強みを活かした資源外交の展開等の施策に要する経費を計上している。

　　　また、国内石油精製機能の強化等による石油供給構造の高度化や、石油製品販売業等における安全確保対策、石油製品需給適正化調査等の施策に必要な経費を計上している。

　（ロ）　エネルギー需給構造高度化対策

　　　内外の経済的、社会的環境に応じた安定的かつ適切なエネルギーの需給構造の構築を図るため、再生可能エネルギーの利用拡大のための技術開発に要する経費及び省エネルギー設備等の導入支援に要する経費等を計上している。

　　　また、脱炭素成長型経済構造移行費用として、革新的技術の早期確立・社会実装に要する経費等を計上している。

（2）　電源開発促進勘定

　電源立地対策、電源利用対策及び原子力安全規制対策を実施することとしており、それぞれの対策については、電源開発促進税収の

375 分の 161 を基礎として算出した電源立地対策に係る繰入相当額、375 分の 146 を基礎として算出した電源利用対策に係る繰入相当額及び 375 分の 68 を基礎として算出した原子力安全規制対策に係る繰入相当額のうち、必要額を一般会計から繰り入れることとしている。

また、脱炭素成長型経済構造移行費用の財源に充てる額はエネルギー需給勘定から繰り入れることとしている。

（イ）　電源立地対策

発電用施設（原子力発電施設、水力発電施設、地熱発電施設、核燃料サイクル施設等）の設置及び運転の円滑化のため、同施設の所在市町村等に対し、公共用施設の整備、住民の生活の利便性の向上、産業の振興等を図る経費に充てるための交付金を交付することとしている。

また、「福島復興の加速のための迅速かつ着実な賠償等の実施に向けて」（5 年 12 月 22 日原子力災害対策本部決定）を踏まえ、中間貯蔵施設費用相当分について原子力損害賠償・廃炉等支援機構に資金交付を行うこととしている。

（ロ）　電源利用対策

安定的な電力供給源であり、かつ、地球環境面の負荷が低い電源の開発及び利用の促進を図るため、これらの電源を効果的に活用する利用技術、原子力発電所の安全性向上等のための研究開発に要する経費を計上しているほか、核燃料物質の再処理並びに放射性廃棄物の処理及び処分、これらに関する研究開発及び事故対応・安全対策に要する経費として、国立研究開発法人日本原子力研究開発機構に対する運営費交付金等を計上している。

また、脱炭素成長型経済構造移行費用として、高速炉・高温ガス炉の実証炉に係る研究開発に要する経費を計上している。

（ハ）　原子力安全規制対策

原子力発電施設等（原子力発電施設、核燃料サイクル施設等）の安全規制の措置を適正に実施するための審査・検査等及び原子力発電施設等の安全性に関する調査研究に要する経費を計上しているほか、原子力発電施設等の周辺地域の安全を確保するための防災体制の強化、原子力事故による被災者の健康管理・健康調査等に要する経費等を計上している。

（3）　原子力損害賠償支援勘定

「原子力損害賠償・廃炉等支援機構法」（平 23 法 94）に基づき、東日本大震災による原子力損害の賠償の迅速かつ適切な実施等に対応するための財政上の措置に必要な経費を計上している。

なお、「福島復興の加速のための迅速かつ着実な賠償等の実施に向けて」（5 年 12 月 22 日原子力災害対策本部決定）を踏まえた原子力損害賠償・廃炉等支援機構に交付する交付国債の発行限度額の引上げに伴い、交付国債の償還金等の支払財源に充てるための国債整理基金特別会計への繰入れを増額することとしている。

この会計の歳入歳出予算の大要は、次のとおりである。

	6 年度(百万円)	5 年度(百万円)
（1）　エネルギー需給勘定		
（歳　　入）		
燃料安定供給対策及エネルギー需給構造高度化対策財源一般会計より受入	476,089	(515,836) 663,037
脱炭素成長型経済構造移行推進一般会計より受入	—	(—) 44
脱炭素成長型経済構造移行公債金	663,281	(506,149) 1,547,783
石油証券及借入金収入	1,568,100	1,537,500
備蓄石油売払代	28,719	29,061
雑　　収　　入	69,619	14,791
脱炭素成長型経済構造移行推進雑収入	0	—
前年度剰余金受入	200,899	(171,461) 294,956

項目		
独立行政法人エネルギー・金属鉱物資源機構納付金収入	—	2,480
国立研究開発法人新エネルギー・産業技術総合開発機構納付金収入	—	9,867
計	3,006,707	(2,787,144) 4,099,518

（歳　出）

項目		
燃料安定供給対策費	276,752	(279,790) 332,037
エネルギー需給構造高度化対策費	281,894	(316,151) 509,205
脱炭素成長型経済構造移行推進対策費	386,412	(493,054) 1,532,652
国立研究開発法人新エネルギー・産業技術総合開発機構運営費	129,242	(138,389) 143,385
脱炭素成長型経済構造移行推進国立研究開発法人新エネルギー・産業技術総合開発機構運営費	41,000	—
独立行政法人エネルギー・金属鉱物資源機構運営費	36,408	(26,601) 46,999
独立行政法人エネルギー・金属鉱物資源機構出資	115,550	48,555
脱炭素成長型経済構造移行推進機構出資	120,000	—
事務取扱費	9,811	7,443
脱炭素成長型経済構造移行推進電源開発促進勘定へ繰入	56,310	12,345
諸支出金	0	0
脱炭素成長型経済構造移行推進諸支出金	0	—
融通証券等事務取扱費一般会計へ繰入	0	0
脱炭素成長型経済構造移行推進公債事務取扱費一般会計へ繰入	11	143
国債整理基金特別会計へ繰入	1,491,099	1,461,056
脱炭素成長型経済構造移行推進国債整理基金特別会計へ繰入	59,548	(607) 2,686
予　備　費	2,670	3,010
計	3,006,707	(2,787,144) 4,099,518

（２）　電源開発促進勘定

（歳　入）

項目		
電源立地対策財源一般会計より受入	162,005	148,084
電源利用対策財源一般会計より受入	108,968	(105,165) 125,345
原子力安全規制対策財源一般会計より受入	42,860	(42,032) 46,752
脱炭素成長型経済構造移行推進エネルギー需給勘定より受入	56,310	12,345
雑　収　入	1,404	1,345
脱炭素成長型経済構造移行推進雑収入	0	—
前年度剰余金受入	18,534	25,441
国立研究開発法人新エネルギー・産業技術総合開発機構納付金収入	—	45
計	390,081	(334,458) 359,357

（歳　出）

項目		
電源立地対策費	170,771	162,234
電源利用対策費	16,634	(12,877) 12,997
脱炭素成長型経済構造移行推進対策費	56,310	12,345
原子力安全規制対策費	26,678	(26,658) 29,972
国立研究開発法人日本原子力研究開発機構運営費	93,390	(93,448) 97,046
事務取扱費	26,117	(26,101) 27,507
諸　支　出　金	0	0
脱炭素成長型経済構造移行推進諸支出金	0	—
国立研究開発法人日本原子力研究開発機構施設整備費	—	(285) 16,746

	6年度	5年度
予 備 費	180	510
計	390,081	(334,458) 359,357

（3）原子力損害賠償支援勘定
（歳　入）

原子力損害賠償支援資金より受入	4,295	4,585
原子力損害賠償支援証券及び借入金収入	12,594,500	10,933,100
原子力損害賠償・廃炉等支援機構納付金収入	0	0
雑　収　入	1	1
前年度剰余金受入	267	161
計	12,599,063	10,937,847

（歳　出）

事 務 取 扱 費	1	1
国債整理基金特別会計へ繰入	12,599,062	10,937,846
計	12,599,063	10,937,847

7　労働保険特別会計

　この会計は、「労働者災害補償保険法」(昭22法50)による労働者災害補償保険事業及び「雇用保険法」(昭49法116)による雇用保険事業に関する経理を行うために設けられたもので、労災勘定、雇用勘定及び徴収勘定の3勘定より成っている。

　6年度の主な内容は、次のとおりである。

（1）労災勘定においては、労働者災害補償保険事業に要する費用の一部として、一般会計から7百万円を受け入れることとしている。

　保険給付費については、5年度における実績を基礎として算定し、所要の額を計上している。

　社会復帰促進等事業費については、個々の事業の精査を行い、所要の額を計上している。

（2）雇用勘定においては、失業等給付の支給に要する費用として1,271,501百万円を計上し、それに対する国庫負担として一般会計からの繰入18,435百万円を計上している。また、育児休業給付の支給に要する費用として855,524百万円を計上し、それに対する国庫負担として、負担割合を現行の80分の1から本則の8分の1に引き上げ、一般会計から

の繰入106,941百万円を計上している。このほか、雇用保険事業の事務に要する経費に充てるため、一般会計から825百万円を受け入れることとしている。

　就職支援法事業については、雇用保険を受給できない者に対し、職業訓練を行うとともに訓練期間中の生活支援のための給付等に要する費用として、事務費を除き22,280百万円(うち一般会計からの繰入6,127百万円)を計上している。

　雇用安定事業等については、非正規雇用労働者の処遇改善等、リ・スキリングによる能力向上支援、労働移動の円滑化等について所要の額を計上している。

　また、「特別会計に関する法律」(平19法23)に基づき、この勘定から一般会計への繰入金として、196,421百万円を計上し、「我が国の防衛力の抜本的な強化等のために必要な財源の確保に関する特別措置法」(令5法69)に基づく防衛力整備計画対象経費の財源に充てることとしている。

（3）徴収勘定においては、労災勘定及び雇用勘定への繰入れ並びに労働保険料等の徴収に必要となる経費を計上している。

　この会計の歳入歳出予算の大要は、次のとおりである。

	6年度(百万円)	5年度(百万円)
（1）労　災　勘　定		
（歳　入）		
他勘定より受入	956,688	916,491
一般会計より受入	7	7
未経過保険料受入	25,400	23,765
支 払 備 金 受入	164,567	162,314
運 用 収 入	91,848	98,029
独立行政法人労働者健康安全機構納付金	732	—
雑　収　入	20,959	22,588
計	1,260,201	1,223,193
（歳　出）		
労働安全衛生対策費	24,198	25,690
保 険 給 付 費	770,764	756,740

職務上年金給付費年金特別会計へ繰入	5,413	5,711		独立行政法人勤労者退職金共済機構運営費	28	28
職務上年金給付費等交付金	4,566	4,671		個別労働紛争対策費	2,041	1,933
社会復帰促進等事業費	126,658	125,512		職業紹介事業等実施費	86,477	(89,044) 89,132
独立行政法人労働者健康安全機構運営費	12,180	11,233		地域雇用機会創出等対策費	141,103	765,120
独立行政法人労働者健康安全機構施設整備費	1,413	1,332		高齢者等雇用安定・促進費	228,498	(202,888) 203,169
仕事生活調和推進費	10,755	10,684		失業等給付費	1,271,501	1,256,113
中小企業退職金共済等事業費	1,443	1,480		育児休業給付費	855,524	762,469
独立行政法人労働政策研究・研修機構運営費	145	126		就職支援法事業費	23,218	24,283
個別労働紛争対策費	1,806	1,817		職業能力開発強化費	65,027	(60,013) 60,105
業 務 取 扱 費	75,870	71,426		若年者等職業能力開発支援費	3,325	(3,404) 3,423
施 設 整 備 費	1,826	1,175		独立行政法人高齢・障害・求職者雇用支援機構運営費	72,253	69,949
保険料返還金等徴収勘定へ繰入	50,764	45,421		独立行政法人高齢・障害・求職者雇用支援機構施設整備費	4,783	4,707
予 備 費	2,300	6,200		障害者職業能力開発支援費	1,596	1,579
計	1,090,103	1,069,218		技能継承・振興推進費	4,451	3,828
（2）雇 用 勘 定				独立行政法人労働政策研究・研修機構運営費	1,908	1,664
（歳 入）				業 務 取 扱 費	134,576	132,739
他勘定より受入	3,236,079	3,080,707		施 設 整 備 費	4,239	3,750
一般会計より受入	132,327	34,927		育児休業給付資金へ繰入	66,506	21,562
運 用 収 入	1	1		保険料返還金等徴収勘定へ繰入	24,084	25,256
雑 収 入	45,800	33,125		防衛力強化一般会計へ繰入	196,421	—
前年度国庫負担金受入超過額受入	196,421	(—) 628		国債整理基金特別会計へ繰入	—	374
積立金より受入	—	461,022		予 備 費	55,000	56,000
独立行政法人勤労者退職金共済機構納付金	—	955		計	3,271,963	(3,507,640) 3,508,120
独立行政法人高齢・障害・求職者雇用支援機構納付金	—	38,074		**（3）徴 収 勘 定**		
				（歳 入）		
計	3,610,628	(3,648,810) 3,649,438		保 険 料 収 入	4,161,831	3,994,836
（歳 出）				印 紙 収 入	194	197
労使関係安定形成促進費	369	369		一般会計より受入	238	229
男女均等雇用対策費	23,081	14,701		一般拠出金収入	4,272	4,149
中小企業退職金共済等事業費	5,953	5,866		他勘定より受入	74,848	70,677

雑　収　入	1,612	1,816
前年度剰余金受入	37,268	7,767
計	4,280,263	4,079,671
（歳　出）		
業　務　取　扱　費	39,564	36,827
保険給付費等財源労災勘定へ繰入	956,688	916,491
失業等給付費等財源雇用勘定へ繰入	3,236,079	3,080,707
諸　支　出　金	47,832	45,546
予　備　費	100	100
計	4,280,263	4,079,671

8　年金特別会計

　この会計は、「国民年金法」(昭34法141)、「厚生年金保険法」(昭29法115)及び「健康保険法」(大11法70)に基づく年金給付及び全国健康保険協会管掌健康保険の被保険者の保険料等に関する経理並びに「児童手当法」(昭46法73)等に基づく児童手当等及び「子ども・子育て支援法」(平24法65)に基づく子どものための教育・保育給付等に関する経理を明確にするために設けられたものである。

　6年度の主な内容は、次のとおりである。

（1）　基礎年金勘定においては、歳出では、基礎年金給付費としての所要額、国民年金勘定、厚生年金勘定及び共済組合等の支出する基礎年金相当給付費の財源に充てるための繰入額等を計上している。歳入では、基礎年金給付等に要する費用の財源として国民年金勘定、厚生年金勘定や共済組合等からの所要の拠出金等による収入を見込んでいる。

（2）　国民年金勘定においては、歳出では、基礎年金勘定への繰入額及び「特定障害者に対する特別障害給付金の支給に関する法律」(平16法166)に基づく特別障害給付金の支給に必要な所要額等を計上し、歳入では、保険料収入や積立金からの受入れ等を見込むとともに、2,192,874百万円を一般会計から受け入れることとしている。

（3）　厚生年金勘定においては、歳出では、基礎年金勘定への繰入額等を計上し、歳入では、保険料収入や積立金からの受入れ等を見

込むとともに、10,714,231百万円を一般会計から受け入れることとしている。

　なお、27年度(10月)から、被用者年金制度が一元化されたことにより、歳出では、実施機関(共済組合等)の支出する厚生年金保険給付費等の財源に充てるための交付金を計上し、歳入では、厚生年金保険給付費等に要する費用の財源として実施機関からの所要の拠出金による収入を見込んでいる。

（4）　健康勘定においては、歳出では、全国健康保険協会への保険料等交付金等を計上し、歳入では、保険料収入等を見込むとともに、一般会計から所要の財源として、5,778百万円を受け入れることとしている。

（5）　子ども・子育て支援勘定においては、歳出では、児童手当の支給に必要な所要額を計上するとともに、子ども・子育て支援新制度における子どものための教育・保育給付に要する費用の地方公共団体に対する交付金の交付等を実施するための子ども・子育て支援推進費や、企業主導型保育事業等を実施するための仕事・子育て両立支援事業費等を計上している。

　歳入では、事業主拠出金収入等を見込むとともに、一般会計から所要の財源として、2,619,734百万円を受け入れることとしている。また、「子ども・子育て支援法」(平24法65)に基づき、10年度にかけて、「加速化プラン」の安定財源を確保するまでの間のつなぎとしてこども・子育て支援特例公債(仮称)を発行することとしており、6年度は児童手当交付金等に充てることとしている。

（6）　業務勘定においては、業務の取扱い等に必要な経費(日本年金機構に対する運営費を含む。)を計上している。

　この会計の歳入歳出予算の大要は、次のとおりである。

	6年度(百万円)	5年度(百万円)
（1）　基礎年金勘定		
（歳　入）		
拠出金等収入	27,209,653	26,257,761
運　用　収　入	87	282

積立金より受入	3,123,893	2,586,115
雑　収　入	11,323	10,824
計	30,344,956	28,854,982

（歳出）

基礎年金給付費	30,037,732	28,372,593
基礎年金相当給付費他勘定へ繰入及交付金	246,502	368,561
諸　支　出　金	722	828
予　備　費	60,000	113,000
計	30,344,956	28,854,982

（2）国民年金勘定

（歳入）

保　険　料　収　入	1,232,219	1,133,269
一般会計より受入	2,192,874	1,994,984
基礎年金勘定より受入	71,330	133,501
運　用　収　入	1	1
積立金より受入	531,411	418,289
年金積立金管理運用独立行政法人納付金	213,738	242,804
独立行政法人福祉医療機構納付金	1,840	2,148
雑　収　入	687	782
前年度剰余金受入	13	26
計	4,244,113	.3,925,804

（歳出）

特別障害給付金給付費	2,407	2,440
福祉年金給付費	10	9
国民年金給付費	231,209	289,350
基礎年金給付費等基礎年金勘定へ繰入	3,880,841	3,507,742
年金相談事業費等業務勘定へ繰入	64,417	64,645
諸　支　出　金	64,729	60,418
予　備　費	500	1,200
計	4,244,113	3,925,804

（3）厚生年金勘定

（歳入）

保　険　料　収　入	35,228,460	33,995,629
一般会計より受入	10,714,231	10,484,349
労働保険特別会計より受入	5,413	5,711
基礎年金勘定より受入	130,895	179,940
存続厚生年金基金等徴収金	847	1,005
解散厚生年金基金等徴収金	16,621	48,098
実施機関拠出金収入	4,710,935	4,427,021
存続組合等納付金	29,894	37,414
運　用　収　入	20	19
積立金より受入	523,879	675,058
年金積立金管理運用独立行政法人納付金	170,000	496,000
独立行政法人福祉医療機構納付金	33,306	38,876
雑　収　入	12,726	19,612
計	51,577,228	50,408,732

（歳出）

保　険　給　付　費	25,344,552	24,987,625
実施機関保険給付費等交付金	5,052,202	4,755,919
基礎年金給付費等基礎年金勘定へ繰入	20,856,890	20,325,185
年金相談事業費等業務勘定へ繰入	256,314	223,684
諸　支　出　金	17,271	18,320
予　備　費	50,000	98,000
計	51,577,228	50,408,732

（4）健康勘定

（歳入）

保　険　料　収　入	11,253,739	11,049,619
一般会計より受入	5,778	5,748
日雇拠出金収入	66	175
運　用　収　入	0	0
業務勘定より受入	51	60
借　入　金	1,436,702	1,440,920
雑　収　入	13	0
前年度剰余金受入	104,545	18,370
計	12,800,894	12,514,890

（歳出）

保険料等交付金	11,306,366	11,023,401
業務取扱費等業務勘定へ繰入	45,761	40,474
諸　支　出　金	6,287	4,348
国債整理基金特別会計へ繰入	1,442,480	1,446,668
計	12,800,894	12,514,890

（5）子ども・子育て支援勘定

（歳入）

事業主拠出金収入	730,942	680,831
一般会計より受入	2,619,734	(2,503,337) 2,465,147
積立金より受入	103,457	(84,642) 92,342
子ども・子育て支援特例公債金	221,896	—
雑収入	10,368	7,583
前年度剰余金受入	70,853	(68,289) 190,047
計	3,757,249	(3,344,681) 3,435,949

（歳出）

児童手当等交付金	1,524,557	1,219,879
子ども・子育て支援推進費	1,762,298	(1,700,841) 1,762,872
地域子ども・子育て支援及び仕事・子育て両立支援事業費	459,197	(411,080) 413,978
業務取扱費	4,091	(4,063) 30,402
諸支出金	417	417
子ども・子育て支援特例公債事務取扱費一般会計へ繰入	1	—
国債整理基金特別会計へ繰入	2,688	—
予備費	4,000	8,400
計	3,757,249	(3,344,681) 3,435,949

（6）業務勘定

（歳入）

一般会計より受入	106,360	(107,342) 107,421
他勘定より受入	368,239	330,545
特別保健福祉事業資金より受入	18	40
独立行政法人福祉医療機構納付金	42	49
雑収入	4,552	5,751
前年度剰余金受入	14,719	12,986
計	493,930	(456,714) 456,792

（歳出）

業務取扱費	41,941	(41,434) 41,513
社会保険オンラインシステム費	126,564	103,220
日本年金機構運営費	325,331	311,948
独立行政法人福祉医療機構納付金等相当財源健康勘定へ繰入	65	60
一般会計へ繰入	18	40
予備費	12	12
計	493,930	(456,714) 456,792

9 食料安定供給特別会計

　この会計は、「農業の担い手に対する経営安定のための交付金の交付に関する法律」（平18法88）に基づく交付金を交付する農業経営安定事業、「主要食糧の需給及び価格の安定に関する法律」（平6法113）及び「飼料需給安定法」（昭27法356）に基づく米麦等の買入れ、売渡し等を行う食糧の需給及び価格の安定のために行う事業、「農業保険法」（昭22法185）に基づく農作物、家畜、果樹、畑作物及び園芸施設共済並びに農業経営収入保険に係る国の再保険事業等、「漁船損害等補償法」（昭27法28）に基づく漁船保険、漁船船主責任保険及び漁船積荷保険に係る国の再保険事業並びに「漁業災害補償法」（昭39法158）に基づく漁獲、養殖、特定養殖及び漁業施設共済に係る国の保険事業に関する経理を明確にするために設けられたものである。

　なお、「土地改良法」（昭24法195）に基づく国営土地改良事業、土地改良関係受託工事等に関する経理を行うため設けられた国営土地改良事業特別会計が20年度より一般会計に統合されたことに伴い、10年度以前に事業費の一部について借入金をもって財源とすることで新規着工した地区のうち19年度末までに工事が完了しなかった地区における事業（以下「未完了借入事業」という。）について、当該事業が完了するまでの間、借入金をもってその財源とすることができるよう、20年度から未完了借入事業の工事の全部が完了する年度までの間の経過措置として国営土地改良事業勘定が設けられている。

　6年度の主な内容は、次のとおりである。

（1）農業経営安定勘定においては、「農業の

担い手に対する経営安定のための交付金の交付に関する法律」(平18法88)に基づく交付金の交付のために必要な経費を計上している。

（2） 食糧管理勘定においては、歳入として、米麦等の買入代金の財源に充てるため食糧証券収入399,600百万円等を計上しており、歳出として、国内米の備蓄に伴う買入れ及び売渡し、輸入米等及び輸入小麦等の買入れ、売渡し等に必要な経費を計上している。国内米については買入数量208千トン、売却数量208千トン、輸入米等については買入数量775千トン、売却数量775千トン、輸入小麦等については買入数量4,835千トン、売却数量4,835千トンと見込んでいる。買入価格及び米等の売渡価格については、最近の価格動向等を勘案して算定した価格で計上しており、輸入小麦等の売渡価格については、6年4月1日以降に見込まれる価格等で計上している。輸入飼料については小麦250千トン及び大麦100千トンの売却並びにこれに必要な買入れを予定している。さらに、農業経営安定事業に要する経費に充てるため農業経営安定勘定への繰入れに必要な経費を計上している。

（3） 農業再保険勘定においては、最近における共済金額の趨勢等を考慮して、農作物、家畜、果樹、畑作物及び園芸施設共済並びに農業経営収入保険の再保険金の支払に必要な経費等を計上している。

（4） 漁船再保険勘定においては、最近における保険金額の趨勢等を考慮して、漁船保険、漁船船主責任保険及び漁船積荷保険の再保険金の支払に必要な経費等を計上している。

（5） 漁業共済保険勘定においては、最近における共済金額の趨勢等を考慮して、保険金の支払に必要な経費等を計上している。

（6） 業務勘定においては、農業経営安定勘定、食糧管理勘定、農業再保険勘定、漁船再保険勘定及び漁業共済保険勘定における事務取扱い等に必要な経費を計上している。

（7） 国営土地改良事業勘定においては、かんがい排水事業2地区の工事を施行するために必要な経費等を計上している。

なお、この勘定においては、財政融資資金の借入れ700百万円を予定している。

この会計の歳入歳出予算の大要は、次のとおりである。

	6年度(百万円)	5年度(百万円)
（1） 農業経営安定勘定		
（歳　入）		
食糧管理勘定より受入	91,300	91,300
一般会計より受入	99,176	110,476
独立行政法人農畜産業振興機構納付金	10,926	13,815
雑　収　入	0	0
前年度剰余金受入	39,974	35,833
計	241,376	251,424
（歳　出）		
農業経営安定事業費	241,222	251,260
事務取扱費業務勘定へ繰入	64	64
予　備　費	90	100
計	241,376	251,424
（2） 食糧管理勘定		
（歳　入）		
食糧売払代	584,946	(622,162) 562,620
輸入食糧納付金	502	452
一般会計より受入	132,180	(131,000) 171,000
食糧証券収入	399,600	(361,466) 324,800
雑　収　入	11,191	11,601
前年度剰余金受入	—	(—) 44,329
計	1,128,420	(1,126,681) 1,114,802
（歳　出）		
食糧買入費	615,181	654,750
食糧管理費	37,659	36,763
交付金等他勘定へ繰入	113,060	(104,451) 103,987
融通証券等事務取扱費一般会計へ繰入	0	0
国債整理基金特別会計へ繰入	280,520	(245,717) 234,302
予　備　費	82,000	85,000

計	1,128,420	(1,126,681) 1,114,802

（3） 農業再保険勘定

（歳　　入）

農業再保険収入	60,205	(64,793) 64,789
再保険料	795	795
一般会計より受入	53,899	(50,509) 50,505
前年度繰越資金受入	5,510	13,489
積立金より受入	39,242	39,617
雑収入	1	1
計	99,449	(104,411) 104,407

（歳　　出）

農業再保険費及交付金	80,338	85,330
事務取扱費業務勘定へ繰入	937	(874) 870
予備費	14,300	18,000
計	95,575	(104,204) 104,200

（4） 漁船再保険勘定

（歳　　入）

漁船再保険収入	7,966	(7,882) 7,861
再保険料	0	0
一般会計より受入	6,909	(6,943) 6,922
前年度繰越資金受入	1,057	939
積立金より受入	84	100
雑収入	6	0
計	8,056	(7,982) 7,961

（歳　　出）

漁船再保険費及交付金	6,380	6,266
事務取扱費業務勘定へ繰入	538	(559) 538
予備費	90	100
計	7,008	(6,925) 6,903

（5） 漁業共済保険勘定

（歳　　入）

漁業共済保険収入	28,805	(14,610) 14,605
保険料	0	0
一般会計より受入	12,382	(12,044) 12,039
前年度繰越資金受入	16,423	2,566
雑収入	0	0
計	28,805	(14,610) 14,605

（歳　　出）

漁業共済保険費及交付金	9,926	10,328
事務取扱費業務勘定へ繰入	116	(116) 112
国債整理基金特別会計へ繰入	2,340	2,340
予備費	70	100
計	12,452	(12,884) 12,879

（6） 業務勘定

（歳　　入）

他勘定より受入	23,415	(14,765) 14,270
雑収入	0	0
前年度剰余金受入	—	(—) 450
計	23,415	(14,765) 14,720

（歳　　出）

事務取扱費	23,265	(14,565) 14,520
予備費	150	200
計	23,415	(14,765) 14,720

（7） 国営土地改良事業勘定

（歳　　入）

一般会計より受入	2,853	(4,514) 4,488
土地改良事業費負担金収入	3,931	5,659
借入金	700	800
雑収入	64	134
前年度剰余金受入	23	23
計	7,571	(11,130) 11,104

（歳　　出）

土地改良事業費	2,982	4,654
土地改良事業工事諸費	478	(775) 750
土地改良事業費負担金等収入一般会計へ繰入	709	1,481
東日本大震災復興土地改良事業費負担金等収入一般会計へ繰入	1	1

	6年度（百万円）	5年度（百万円）
東日本大震災復興土地改良事業費負担金等収入	26	26
東日本大震災復興特別会計へ繰入		
国債整理基金特別会計へ繰入	3,194	3,993
予　備　費	180	200
計	7,571	(11,130) 11,104

10　国有林野事業債務管理特別会計

この会計は、旧国有林野事業特別会計から承継した借入金に係る債務の処理に関する経理を明確にするため、この債務の処理が終了する年度までの間に限って設けられたものである。

この会計の歳入歳出予算の大要は、次のとおりである。

	6年度（百万円）	5年度（百万円）
（歳　　入）		
一般会計より受入	25,815	(29,114) 37,033
借　入　金	314,300	(314,900) 306,000
計	340,115	(344,014) 343,033
（歳　　出）		
国債整理基金特別会計へ繰入	340,115	(344,014) 343,033

（注）　6年度の借入金314,300百万円は、「特別会計に関する法律」（平19法23）附則第206条の6の規定に基づき、6年度中に償還期限の到来する借入金の借換えに係る借入見込額であり、借入金債務残高が増加するものではない。

11　特許特別会計

この会計は、特許等工業所有権に関する事務の遂行に資するとともに、その経理を明確にするために設けられたものである。

（1）　歳入については、出願人からの特許出願、審査請求等の特許料等収入の見込額を計上しているほか、前年度剰余金受入等を計上している。

（2）　歳出については、工業所有権に関する情報提供及び人材育成支援等を行う独立行政法人工業所有権情報・研修館に対する運営費交付金を計上しているほか、特許行政運営に必要な人件費及び事務費、特許等工業所有権に

関する審査審判等の処理促進に必要な経費、特許事務システムの開発及び運営に必要な経費、特許庁庁舎の施設整備に伴う工事等を行うために必要な経費等を計上している。

この会計の歳入歳出予算の大要は、次のとおりである。

	6年度（百万円）	5年度（百万円）
（歳　　入）		
特許印紙収入	3,177	3,241
特許料等収入	150,581	148,203
一般会計より受入	54	1,845
独立行政法人工業所有権情報・研修館納付金収入	4,012	—
雑　収　入	254	214
前年度剰余金受入	78,836	64,639
計	236,915	218,142
（歳　　出）		
独立行政法人工業所有権情報・研修館運営費	11,554	10,561
事務取扱費	139,437	134,229
施設整備費	1,024	432
予　備　費	100	200
計	152,115	145,421

12　自動車安全特別会計

この会計は、「自動車損害賠償保障法」（昭30法97）に基づく自動車事故対策事業等及び「道路運送車両法」（昭26法185）に基づく自動車の検査、登録等の事務に関する国の経理を明確にするために設けられたものである。

また、「特別会計に関する法律等の一部を改正する等の法律」（平25法76）に基づく社会資本整備事業特別会計の廃止に伴い、空港整備事業等に関する経理を26年度から借入金償還完了年度の末日までの間、空港整備勘定において行うこととしている。

6年度の主な内容は、次のとおりであるが、自動車事故対策勘定において、「平成6年度における財政運営のための国債整理基金に充てるべき資金の繰入れの特例等に関する法律」（平6法43）等に基づき、同法等に規定する運用収入に相当する額の一部について、一般会計から

6,500百万円を受け入れることとしている。

（1）　自動車事故対策勘定

（イ）　自動車事故対策として事故相談事業等を実施する者に対し、9,809百万円の補助金等を計上している。

（ロ）　自動車運転者に対する適性診断、自動車事故の被害者に対する資金の貸付け、重度後遺障害者の治療及び養護を行う施設の運営等を行う独立行政法人自動車事故対策機構に対する運営費交付金及び施設整備費補助金を計上している。

（ハ）　ひき逃げ及び無保険車による事故の被害者の損害をてん補するため、988百万円の自動車損害賠償保障金を計上している。

（ニ）　15年3月31日までに引き受けた再保険等に対する保険金の支払のため、112百万円の再保険金等を計上している。

（2）　自動車検査登録勘定

（イ）　6年度検査関係業務件数を27,075千件、6年度登録関係業務件数を35,713千件と見込んでいる。

（ロ）　自動車の検査、登録等の際に、自動車重量税の納付の確認等の事務を行うため、当該事務の実施に要する経費の財源を一般会計から受け入れることとしている。

（ハ）　自動車等が保安基準に適合するかどうかの審査、リコールの技術的な検証及び自動車の登録に係る事実の確認をするために必要な調査を行う独立行政法人自動車技術総合機構に対する運営費交付金及び施設整備費補助金を計上している。

（ニ）　自動車の保有に伴い必要となる各種の行政手続について、国民負担の軽減及び行政事務の効率化を図る観点から、デジタル化を進めることとしている。

（3）　空港整備勘定

（イ）　歳入については、空港使用料収入のほか、空港整備事業に係る施設の整備に要する資金の一部に充てるため、財政融資資金の借入れ36,000百万円を予定している。また、航空機燃料税収入の空港整備事業に要する経費の財源に充てるための一般会計からの受入29,491百万円、直轄事業に係る地方公共団体の負担金収入等を計上している。

（ロ）　歳出については、首都圏空港の国際競争力強化のため、東京国際空港（羽田）の機能拡充に必要な事業等を重点的に実施するとともに、福岡空港においては、引き続き、滑走路増設事業を実施することとしている。

この会計の歳入歳出予算の大要は、次のとおりである。

	6年度(百万円)	5年度(百万円)
（1）　自動車事故対策勘定		
（歳　　入）		
賦課金収入	10,513	8,517
積立金より受入	2,659	5,284
一般会計より受入	6,500	(5,950) 7,261
償還金収入	462	403
雑収入	786	1,249
前年度剰余金受入	61,601	61,575
計	82,520	(82,978) 84,289
（歳　　出）		
被害者保護増進等事業費	9,809	(9,706) 10,312
独立行政法人自動車事故対策機構運営費	9,658	(9,398) 9,626
独立行政法人自動車事故対策機構施設整備費	171	(616) 1,094
自動車損害賠償保障事業費	1,276	1,332
業務取扱費自動車検査登録勘定へ繰入	1,195	1,143
再保険及保険費	112	149
予備費	50	60
計	22,271	(22,404) 23,715
（2）　自動車検査登録勘定		
（歳　　入）		
検査登録印紙収入	22,488	23,095
検査登録手数料収入	15,247	14,268
一般会計より受入	265	(262) 263

（　79　）

	6年度	5年度
他勘定より受入	1,195	1,143
雑　収　入	137	127
前年度剰余金受入	6,975	6,888
計	46,307	(45,781) 45,782

（歳　出）

	6年度	5年度
独立行政法人自動車技術総合機構運営費	2,155	2,109
独立行政法人自動車技術総合機構施設整備費	1,831	1,195
業　務　取　扱　費	37,823	(36,264) 36,265
施　設　整　備　費	1,687	1,553
予　備　費	100	150
計	43,596	(41,272) 41,274

（3）　空港整備勘定

（歳　入）

	6年度	5年度
空港使用料収入	221,996	163,801
一般会計より受入	29,491	27,348
地方公共団体工事費負担金収入	8,771	8,325
借　入　金	36,000	118,500
償　還　金　収　入	9,169	9,095
受託工事納付金収入	92	192
空港等財産処分収入	160	60
雑　収　入	55,572	53,201
前年度剰余金受入	33,263	12,246
計	394,513	392,770

（歳　出）

	6年度	5年度
空港等維持運営費	156,058	146,948
空港整備事業費	141,505	129,744
北海道空港整備事業費	10,350	10,497
離島空港整備事業費	2,824	1,618
沖縄空港整備事業費	11,413	11,435
航空路整備事業費	26,608	27,343
成田国際空港等整備事業資金貸付金	10,100	12,000
空港等整備事業工事諸費	1,711	1,694
受　託　工　事　費	92	192
空港等災害復旧事業費	288	288
国債整理基金特別会計へ繰入	33,263	33,885
空港整備事業資金貸付金	—	9,250
北海道空港整備事業資金貸付金	—	6,039
地域公共交通維持・活性化推進費	—	1,506
予　備　費	300	330
計	394,513	392,770

13　東日本大震災復興特別会計

　この会計は、東日本大震災からの復興に係る国の資金の流れの透明化を図るとともに復興債の償還を適切に管理するために24年度に設けられたものである。

　この会計の歳入歳出予算の大要は、次のとおりである。

	6年度(百万円)	5年度(百万円)
（歳　入）		
復興特別所得税	376,000	(442,000) 447,200
一般会計より受入	5,721	(29,795) 36,253
特別会計より受入	26	26
復興公債金	146,100	(99,800) —
公共事業費負担金収入	22	7
雑　収　入	105,197	(158,358) 158,490
災害等廃棄物処理事業費負担金収入	—	153
前年度剰余金受入	—	(—) 156,336
計	633,066	(730,139) 798,465

（歳　出）

　歳出については、復興事業等を行うため、633,066百万円を計上している。

　なお、「復興庁設置法」（平23法125）に基づき、被災地の復興に係る経費については、復興庁の所管する予算として470,668百万円を一括計上している。

　6年度の主な内容は、次のとおりである。

（1）　災害救助等関係経費

	6年度(百万円)	5年度(百万円)
	3,059	3,598

① 災害救助費

	6年度(百万円)	5年度(百万円)
	417	666

　この経費は、「災害救助法」(昭22法118)に基づき、県が提供する応急仮設住宅の供与期間の延長に伴い必要となる、民間賃貸住宅を活用した仮設住宅の家賃の支払等に要する費用の負担に必要な経費である。

② 被災者緊急支援経費

	6年度(百万円)	5年度(百万円)
	2,642	2,932

　この経費は、東日本大震災により被災した児童生徒等の心のケア等を行うためのスクールカウンセラー等の活用等に必要な経費であって、その内訳は次のとおりである。

	6年度(百万円)	5年度(百万円)
復興特区支援利子補給金	399	494
災害援護貸付金等	45	62
緊急スクールカウンセラー等活用事業費	1,503	1,572
被災児童生徒就学支援等事業交付金	695	804
計	2,642	2,932

（2） 復興関係公共事業等

	6年度(百万円)	5年度(百万円)
	56,039	(50,713) 50,711

① 災害復旧等事業費

	6年度(百万円)	5年度(百万円)
	7,065	6,072

　この経費は、東日本大震災により被害を受けた公共土木施設等の災害復旧事業及び災害関連事業に必要な経費である。

　復旧については、その早期復旧を図るため、復旧進度に応じた必要な経費であって、その内訳は次のとおりである。

	災害復旧事業費(百万円)	災害関連事業費(百万円)	計(百万円)
農林水産省	543	4	547
国土交通省	6,518	—	6,518
計	7,061	4	7,065

② 一般公共事業関係費

	6年度(百万円)	5年度(百万円)
	44,663	(40,308) 40,306

　この経費は、東日本大震災からの復興事業として住宅対策、農業農村整備事業、森林整備事業、社会資本総合整備事業等を推進するために必要な経費であって、その内訳は次のとおりである。

（イ） 住宅都市環境整備事業費

	6年度(百万円)	5年度(百万円)
	21,600	21,910

　この経費は、住宅対策に必要な経費である。

（ロ） 公園水道廃棄物処理等施設整備費

	6年度(百万円)	5年度(百万円)
	2,301	(829) 827

　この経費は、廃棄物処理施設整備事業及び国営公園等事業に必要な経費であって、その内訳は次のとおりである。

	6年度(百万円)	5年度(百万円)
廃棄物処理施設整備事業	1,190	409
国営公園等事業(国営追悼・祈念施設)	1,111	(420) 418
計	2,301	(829) 827

（ハ） 農林水産基盤整備事業費

	6年度(百万円)	5年度(百万円)
	4,586	5,273

　この経費は、農業農村整備事業、森林整備事業及び農山漁村地域整備事業に必要な経費であって、その内訳は次のとおりである。

	6年度(百万円)	5年度(百万円)
農業農村整備事業	510	610
森林整備事業	3,991	4,413
農山漁村地域整備事業	85	250
計	4,586	5,273

(ニ) 社会資本総合整備事業費

	6年度(百万円)	5年度(百万円)
	16,176	11,553

この経費は、社会資本総合整備事業に必要な経費である。

(ホ) 治山治水対策事業費

	6年度(百万円)	5年度(百万円)
	—	462

前年度限りの経費である。

(ヘ) 道路整備事業費

	6年度(百万円)	5年度(百万円)
	—	3

前年度限りの経費である。

(ト) 港湾空港鉄道等整備事業費

	6年度(百万円)	5年度(百万円)
	—	277

前年度限りの経費である。

③ 施設費等

	6年度(百万円)	5年度(百万円)
	4,311	4,334

この経費は、広域的に生産から加工までが一体となった高付加価値生産等を展開する産地の拠点となる農業用施設の整備等に必要な経費であって、その内訳は次のとおりである。

	6年度(百万円)	5年度(百万円)
警察施設整備費	301	209
消防防災施設災害復旧費	7	—
公立学校施設災害復旧費	32	13
私立学校施設災害復旧費	—	18
保健衛生施設等災害復旧費	679	760
保健衛生施設等設備災害復旧費	—	11
福島県高付加価値産地展開支援事業費	2,438	2,438
特用林産施設体制整備復興事業費	855	885
計	4,311	4,334

(3) 災害関連融資関係経費

	6年度(百万円)	5年度(百万円)
		(1,573)
	1,285	1,327

① 中小企業等関係費

	6年度(百万円)	5年度(百万円)
		(222)
	144	122

この経費は、東日本大震災による被災中小企業者の事業再建及び経営安定のための融資の実施に必要な経費であって、その内訳は次のとおりである。

	6年度(百万円)	5年度(百万円)
株式会社日本政策金融公庫出資金(財務省分)	100	(140) 40
株式会社日本政策金融公庫出資金(厚生労働省分)	16	22
株式会社日本政策金融公庫出資金(経済産業省分)	28	60
計	144	(222) 122

② 農林漁業者等関係費

	6年度(百万円)	5年度(百万円)
		(1,351)
	1,141	1,205

この経費は、東日本大震災による被災農林漁業者等の経営再建等のための融資の実施等に必要な経費であって、その内訳は次のとおりである。

	6年度(百万円)	5年度(百万円)
漁業経営維持安定資金利子補給等補助金	473	(561) 449
農業経営金融支援対策費補助金	406	(497) 478
漁業者等緊急保証対策事業費	125	(154) 143
漁業信用保険事業交付金	112	105
林業振興事業費補助金	23	27
株式会社日本政策金融公庫補給金	2	(7) 3
計	1,141	(1,351) 1,205

（４） 地方交付税交付金

	6年度(百万円)	5年度(百万円)
	56,974	62,246

　この経費は、東日本大震災からの復興事業に係る地方負担等について震災復興特別交付税を措置する必要があるため、その措置に必要な地方交付税交付金財源を交付税及び譲与税配付金特別会計へ繰り入れるために必要な経費である。

（５） 原子力災害復興関係経費

	6年度(百万円)	5年度(百万円)
		(416,157)
	332,731	377,555

① 除去土壌等の適正管理・原状回復等

	6年度(百万円)	5年度(百万円)
		(272,614)
	160,514	234,549

　この経費は、「平成23年3月11日に発生した東北地方太平洋沖地震に伴う原子力発電所の事故により放出された放射性物質による環境の汚染への対処に関する特別措置法」（平23法110）等に基づき行う除去土壌等の適正管理・原状回復等に必要な経費であって、その内訳は次のとおりである。

	6年度(百万円)	5年度(百万円)
放射性物質対処型森林・林業再生総合対策事業費	3,679	3,734
中間貯蔵施設の整備等経費	100,806	(178,646) 163,615
放射性物質汚染廃棄物処理事業費	35,736	(67,993) 49,959
除去土壌等の適正管理・原状回復等の実施経費	14,981	16,929
そ　の　他	5,312	(5,312) 312
計	160,514	(272,614) 234,549

② 福島再生加速化交付金等

	6年度(百万円)	5年度(百万円)
		(143,542)
	172,217	143,005

　この経費は、福島の再生を加速するため、

特定復興再生拠点の整備、放射線不安を払拭する生活環境の向上、健康管理、産業再開に向けた環境整備等の施策の実施等に必要な経費であって、その内訳は次のとおりである。

	6年度(百万円)	5年度(百万円)
福島再生加速化交付金	60,150	60,179
福島生活環境整備・帰還再生加速事業費	5,287	8,012
原子力損害賠償紛争審査会の開催等経費	2,909	(2,972) 2,454
福島関連基礎・支援研究等（国立研究開発法人日本原子力研究開発機構運営費）	1,968	1,978
地域復興実用化開発等促進事業費	4,517	5,193
帰還困難区域の入域管理・被ばく管理等経費	3,785	4,761
福島医薬品関連産業支援拠点化事業費	1,998	2,021
原子力災害による被災事業者の自立等支援事業費	1,930	1,631
特定帰還居住区域整備事業費	44,962	—
特定復興再生拠点整備事業費	37,017	43,579
環境放射線測定等経費	1,618	1,657
放射性物質環境汚染状況監視等調査研究費	1,152	1,149
そ　の　他	4,923	(10,408) 10,390
計	172,217	(143,542) 143,005

（６） その他の東日本大震災関係経費

	6年度(百万円)	5年度(百万円)
		(80,255)
	77,554	79,663

① 被災者生活再建支援金補助金

	6年度(百万円)	5年度(百万円)
	1,195	2,038

　この経費は、東日本大震災により住宅が全壊した世帯等に対し支給される被災者生活再

建支援金に要する費用の補助に必要な経費である。

② 警察・消防活動経費等

	6年度(百万円)	5年度(百万円)
	179	262

この経費は、東日本大震災により被害を受けた地域における警察活動、消防活動等に必要な経費であって、その内訳は次のとおりである。

	6年度(百万円)	5年度(百万円)
警察活動経費	12	12
消防活動経費	153	250
消防防災設備災害復旧費補助金	14	—
計	179	262

③ 教育支援等

	6年度(百万円)	5年度(百万円)
	1,762	1,941

この経費は、心のケアが必要な被災児童生徒に対する学習支援等に取り組むための教職員定数の措置、福島イノベーション・コースト構想を担う人材の育成基盤の構築等に必要な経費であって、その内訳は次のとおりである。

	6年度(百万円)	5年度(百万円)
義務教育費国庫負担金	1,131	1,226
福島イノベーション・コースト構想人材育成基盤構築事業費	435	435
被災私立大学等復興特別補助事業費	196	274
私立高等学校等経常費助成費補助金(教育活動復旧費)	—	6
計	1,762	1,941

④ 医療、介護、福祉等

	6年度(百万円)	5年度(百万円)
	6,903	7,453

(イ) 医療保険制度等の保険料減免等に対する特別措置

	6年度(百万円)	5年度(百万円)
	4,401	4,634

この経費は、医療保険、介護保険、障害

福祉サービス等において、東京電力福島第一原子力発電所の事故により設定された避難指示区域等に住所を有する被保険者等の保険料、一部負担金等の減免措置の延長に要する費用の補助に必要な経費であって、その内訳は次のとおりである。

	6年度(百万円)	5年度(百万円)
医療保険制度	3,536	3,640
介護保険制度	850	980
障害福祉サービス等	15	15
計	4,401	4,634

(ロ) 地域医療再生対策費

	6年度(百万円)	5年度(百万円)
	2,128	2,385

この経費は、東京電力福島第一原子力発電所の事故により設定された避難指示区域等の復旧・復興を図るため、福島県が設置した基金に地域医療再生臨時特例交付金を交付することにより、医療提供体制の再構築を推進するために必要な経費である。

(ハ) その他

	6年度(百万円)	5年度(百万円)
	374	434

この経費の内訳は次のとおりである。

	6年度(百万円)	5年度(百万円)
被災地における福祉・介護人材確保事業費	151	151
介護サービス提供体制再生事業費	99	125
医療・介護保険料等の収納対策等支援事業費	95	100
障害福祉サービス再開支援事業費	29	57
計	374	434

⑤ 農林業関係

	6年度(百万円)	5年度(百万円)
	6,613	(5,326) 5,316

この経費は、福島県の農林水産業の復興創生に向けたブランドの確立と産地競争力の強化、国内外の販売促進等、生産から流通・販売に至るまでの総合的な支援等に必要な経費

であって、その内訳は次のとおりである。

	6年度(百万円)	5年度(百万円)
福島県農林水産業復興創生事業費	3,953	3,955
福島県営農再開支援事業	2,106	—
福島県高付加価値産地展開支援事業費	250	250
原子力災害被災12市町村の農地中間管理機構による農地の集積・集約化事業費	123	123
農畜産物放射性物質影響緩和対策事業費	65	96
原子力被災12市町村農業者支援事業費	—	800
その他	116	(101) 91
計	6,613	(5,326) 5,316

⑥　水　産　業　関　係

6年度(百万円)	5年度(百万円)
7,852	5,882

この経費は、福島県をはじめとした被災地域水産物の販路回復や販売促進、漁業現場での長期研修や就業支援等に必要な経費であって、その内訳は次のとおりである。

	6年度(百万円)	5年度(百万円)
水産業復興販売加速化支援事業費	4,053	4,053
被災地次世代漁業人材確保支援事業費	2,121	698
被災海域における種苗放流支援事業費	961	699
漁業経営体質強化機器設備導入支援事業	420	99
漁場復旧対策支援事業費	281	296
漁船等復興対策事業費	16	38
計	7,852	5,882

⑦　中 小 企 業 対 策

6年度(百万円)	5年度(百万円)
1,474	3,504

この経費は、東日本大震災により被害を受けた中小企業等の支援のため、施設等の復旧・整備に要する費用に対し補助金を交付する県に対する補助及び二重ローン対策の窓口業務等に必要な経費であって、その内訳は次のとおりである。

	6年度(百万円)	5年度(百万円)
中小企業再生支援事業費	400	588
中小企業組合等共同施設等災害復旧費	889	2,708
独立行政法人中小企業基盤整備機構運営費	185	208
計	1,474	3,504

⑧　立 地 補 助 金

6年度(百万円)	5年度(百万円)
12,180	14,090

この経費は、福島県の避難指示解除区域等を対象に、雇用の創出、産業集積等を図り、今後の自立・帰還支援を加速するための企業立地補助に必要な経費である。

⑨　福島国際研究教育機構関連事業費

6年度(百万円)	5年度(百万円)
15,361	14,492

この経費は、創造的復興の中核拠点となる福島国際研究教育機構の運営費等の支援に必要な経費であって、その内訳は次のとおりである。

	6年度(百万円)	5年度(百万円)
新産業創出等研究開発推進事業費補助金	11,811	14,104
福島国際研究教育機構出資金	—	100
その他	3,550	288
計	15,361	14,492

⑩　そ　の　他

6年度(百万円)	5年度(百万円)
24,036	(25,268) 24,686

上記の内訳は次のとおりである。

	6年度(百万円)	5年度(百万円)
被災者支援総合交付金	9,258	10,201
復興庁運営経費	4,850	(5,147) 5,112
風評払拭・リスクコミュニケーション強化事業等経費	1,222	1,044
「新しい東北」推進事業費	283	304
東日本大震災教訓継承事業費	99	73
ハンズオン型ワンストップ土地活用推進事業費	85	104
特定非営利活動法人等被災者支援事業費	101	106
情報通信基盤災害復旧事業費	115	52
被災地域情報化推進事業費	1	(49) 3
登記事務処理実施経費	54	(76) 74
被災ミュージアム再興事業費	205	210
原子力被災地域における映像・芸術文化支援事業費	316	330
放射線量測定指導・助言事業費	11	14
福島県における観光関連復興支援事業費	500	500
ブルーツーリズム推進支援事業費	266	270
地域公共交通確保維持改善事業費	130	117
東日本大震災復興関連事業円滑化支援事業費	—	10
除去土壌等の適正管理・原状回復等の実施、災害廃棄物及び放射性廃棄物等の処理に伴う体制の強化経費	5,721	(5,811) 5,312
環境モニタリング調査費	819	851
計	24,036	(25,268) 24,686

（7）　国債整理基金特別会計への繰入等

6年度(百万円)	5年度(百万円)
25,424	(15,597) 188,365

　この経費は、復興債の利子の支払に必要な経費と、復興債の償還及び発行に関する諸費を国債整理基金特別会計へ繰り入れるもの等である。

（8）　復興加速化・福島再生予備費

6年度(百万円)	5年度(百万円)
80,000	(100,000) 35,000

　この経費は、東日本大震災に係る復旧及び復興に関連する経費の予見し難い予算の不足に充てるための予備費である。

第4 政府関係機関

1 沖縄振興開発金融公庫

　この公庫は、沖縄における産業の開発を促進するため、長期資金を供給すること等により、一般の金融機関が行う金融及び民間の投資を補完し、又は奨励するとともに、沖縄の国民大衆、住宅を必要とする者、農林漁業者、中小企業者、病院その他の医療施設を開設する者、生活衛生関係の営業者等に対する資金で、一般の金融機関が供給することを困難とするものを供給し、もって沖縄における経済の振興及び社会の開発に資することを目的としている。

　6年度においては、物価高等の影響により厳しい状況にある中小企業等の資金繰り支援に万全を期すとともに、構造的賃上げの実現に向けた環境整備、創業・スタートアップ、事業承継等を支援するほか、「沖縄振興特別措置法」（平14法14）等に基づく沖縄の自立的発展に向けた政策金融の取組を推進し、産業基盤整備、リーディング産業支援、中小企業等の振興、新たな産業の創出、子どもの貧困対策など沖縄振興策と一体となった円滑な資金供給を実施するため、県内産業の育成、産業・社会基盤の整備、中小企業や小規模事業者等の経営基盤強化等を支援するための措置を講じることとし、貸付契約額として205,000百万円を予定しているほか、沖縄におけるリーディング産業の育成支援等のための出資3,700百万円を予定している。

　事業計画の内訳は、次のとおりである。

	6年度(百万円)	5年度(百万円)
貸　　　付	205,000	229,500
産業開発資金	76,000	100,000
中小企業等資金	100,000	100,000
住宅資金	5,000	5,000
農林漁業資金	8,000	8,500
医療・生活衛生資金	16,000	16,000
出　　　資	3,700	3,700
合　　　計	208,700	233,200

　この計画のうち、6年度中に167,773百万円が貸し付けられ、3,700百万円が出資される予定であり、これに4年度及び5年度の貸付契約額のうち、6年度に資金交付が行われる予定となっている54,837百万円を加えると、6年度の資金交付額は226,310百万円となる。この原資として、一般会計からの出資金100百万円、財政投融資特別会計投資勘定からの出資金7,000百万円、財政融資資金からの借入金194,600百万円、沖縄振興開発金融公庫債券の発行による収入10,000百万円等を予定している。

　資金計画は、次のとおりである。

	6年度(百万円)	5年度(百万円)
（資金調達）		
一般会計出資金	100	200
財政投融資特別会計投資勘定出資金	7,000	7,000
財政融資資金借入金	194,600	199,400
沖縄振興開発金融公庫債券	10,000	10,000
沖縄振興開発金融公庫住宅宅地債券	801	687
回　収　金　等	13,810	27,531
計	226,310	244,818
（資金運用）		
貸　　　付	222,610	241,118
出　　　資	3,700	3,700
計	226,310	244,818

　これらの業務の円滑な運営を図るため、別途、一般会計から沖縄振興開発金融公庫補給金955百万円を交付することとしている。

2 株式会社日本政策金融公庫

　この公庫は、一般の金融機関が行う金融を補完することを旨としつつ、国民一般、中小企業者及び農林水産業者の資金調達を支援するための金融の機能を担うとともに、内外の金融秩序

の混乱又は大規模な災害、テロリズム若しくは感染症等による被害に対処するために必要な金融を行うほか、当該必要な金融が銀行その他の金融機関により迅速かつ円滑に行われることを可能とし、もって国民生活の向上に寄与することを目的としている。

また、「エネルギー環境適合製品の開発及び製造を行う事業の促進に関する法律」(平22法38)に基づく業務として、エネルギー環境適合製品を開発又は製造する事業のうち、我が国産業活動の発達及び改善に特に資するものを事業者が実施するために必要な資金を銀行その他の金融機関が貸し付ける場合において、当該金融機関に対し、当該資金の貸付けに必要な資金の貸付けを行うことができることとされている。

「産業競争力強化法」(平25法98)に基づく業務として、事業再編又は事業適応の取組を事業者が実施するために必要な資金を銀行その他の金融機関が貸し付ける場合において、当該金融機関に対し、当該資金の貸付けに必要な資金の貸付けを行うことができることとされているとともに、事業適応の取組のうち、カーボンニュートラル実現に向けた取組を事業者が実施するために必要な資金を銀行その他の金融機関が貸し付ける場合においては、当該金融機関に対し、利子補給を行うことができることとされている。

「特定高度情報通信技術活用システムの開発供給及び導入の促進に関する法律」(令2法37)に基づく業務として、国民生活及び経済活動の基盤となる特定高度情報通信技術活用システムの開発供給等又は特定半導体生産施設整備等を事業者が実施するために必要な資金を銀行その他の金融機関が貸し付ける場合において、当該金融機関に対し、当該資金の貸付けに必要な資金の貸付けを行うことができることとされている。

「造船法」(昭25法129)に基づく業務として、生産性向上のための基盤整備等の取組を造船事業者等が実施するために必要な資金を銀行その他の金融機関が貸し付ける場合において、当該金融機関に対し、当該資金の貸付けに必要な資金の貸付けを行うことができることとされている。

「海上運送法」(昭24法187)に基づく業務として、船舶運航事業者等の競争力強化の観点から、高性能、高品質な船舶の導入を事業者が実施するために必要な資金を銀行その他の金融機関が貸し付ける場合において、当該金融機関に対し、当該資金の貸付けに必要な資金の貸付けを行うことができることとされている。

「経済施策を一体的に講ずることによる安全保障の確保の推進に関する法律」(令4法43)に基づく業務として、特定重要物資等の安定供給確保のための取組に関する事業を事業者が実施するために必要な資金を銀行その他の金融機関が貸し付ける場合において、当該金融機関に対し、当該資金の貸付けに必要な資金の貸付けを行うことができることとされている。

（1）　国民一般向け業務

　6年度においては、物価高等の影響により厳しい状況にある小規模事業者の資金繰り支援に万全を期すとともに、構造的賃上げの実現に向けた環境整備、創業・スタートアップ、事業承継等を支援するほか、東日本大震災等による被災小規模事業者等の経営安定等を図るため、必要とする資金需要に的確に対応することとし、貸付規模として総額2,766,000百万円(うち、小規模事業者経営改善資金貸付300,000百万円)を計上している。この原資として、東日本大震災復興特別会計からの出資金116百万円、財政融資資金からの借入金1,760,000百万円、社債の発行による収入170,000百万円等を予定している。

　資金計画は、次のとおりである。

	6年度(百万円)	5年度(百万円)
(資金調達)		
財政投融資特別会計投資勘定出資金	—	1,800
東日本大震災復興特別会計出資金	116	162
財政融資資金借入金	1,760,000	3,070,000
社　　　　債	170,000	170,000

回 収 金 等	835,884	1,507,038
計	2,766,000	4,749,000

（資金運用）

貸 付	2,766,000	4,749,000
普 通 貸 付	2,170,000	4,418,000
生活衛生資金貸付	115,000	150,000
恩給担保貸付	900	900
記名国債担保貸付	100	100
教育資金貸付	180,000	180,000

上記の資金計画に関連して、別途、一般会計から株式会社日本政策金融公庫補給金19,868百万円を交付することとしている。

（2） 農林水産業者向け業務

6年度においては、スマート農業技術活用促進資金(仮称)を新設することにより、スマート農業技術の普及による農業の生産性の向上を後押しするほか、農業経営基盤強化資金において公庫資金の借換えを可能にし、農業者の前向きな経営改善の取組を支援するなど、農林水産業の生産性向上を目的とした設備投資等への資金需要に的確に対応することとし、貸付規模として744,000百万円を計上しており、対象事業別の貸付計画は、次のとおりである。

	6年度(百万円)	5年度(百万円)
経営構造改善	475,060	440,500
基 盤 整 備	45,260	46,200
一 般 施 設	118,780	120,000
経営維持安定	94,900	202,300
災 害	10,000	10,000
計	744,000	819,000

この計画のうち、677,088百万円が6年度中に貸し付けられる予定であり、これに5年度の計画のうち、6年度に資金交付が行われる予定となっている76,112百万円を加えると、6年度の資金交付額は753,200百万円となる。この原資として、一般会計からの出資金64百万円、財政融資資金からの借入金723,500百万円、社債の発行による収入20,000百万円等を予定している。また、証券化支援業務において、一般の金融機関が行う農業融資の信用リスクの引受1,850百万円を予定している。

資金計画は、次のとおりである。

	6年度(百万円)	5年度(百万円)
（資金調達）		
一般会計出資金	64	64
財政投融資特別会計投資勘定出資金	—	3,000
財政融資資金借入金	723,500	763,000
社 債	20,000	20,000
寄 託 金	500	600
回 収 金 等	9,136	3,336
計	753,200	790,000
（資金運用）		
貸 付	753,200	790,000

上記の資金計画に関連して、別途、一般会計から株式会社日本政策金融公庫補給金17,663百万円を交付することとしている。

（3） 中小企業者向け業務

6年度においては、物価高等の影響により厳しい状況にある中小企業の資金繰り支援に万全を期すとともに、構造的賃上げの実現に向けた環境整備、創業・スタートアップ、事業承継等を支援するほか、東日本大震災等による被災中小企業者等の経営安定等を図るため、必要とする資金需要に的確に対応することとし、融資事業の貸付規模として2,040,000百万円を計上している。この原資として、東日本大震災復興特別会計からの出資金28百万円、財政融資資金からの借入金1,230,000百万円、社債の発行による収入73,200百万円及び回収金等736,772百万円を予定している。また、証券化支援事業におけるクレジット・デフォルト・スワップ契約(総額70,000百万円を予定)により必要となる資産担保証券の取得28,350百万円の原資として、社債の発行による収入26,800百万円、有価証券回収金等1,550百万円を予定しているほか、債務の保証60,500百万円を予定している。

資金計画は、次のとおりである。

	6年度(百万円)	5年度(百万円)
（資金調達）		
財政投融資特別会計投資勘定出資金	—	24,000

	6年度(百万円)	5年度(百万円)
東日本大震災復興特別会計出資金	28	60
財政融資資金借入金	1,230,000	1,900,000
社　　　債	100,000	100,000
回　収　金　等	738,322	736,740
計	2,068,350	2,760,800
（資金運用）		
貸　　　　　付	2,040,000	2,740,000
有　価　証　券	28,350	20,800
計	2,068,350	2,760,800

　　上記の資金計画に関連して、別途、一般会計から株式会社日本政策金融公庫補給金14,513百万円を交付することとしている。

（４）　信用保険等業務

　　６年度における中小企業信用保険事業は、15,081,300百万円の保険引受、破綻金融機関等関連特別保険等事業は66,000百万円の保険引受をそれぞれ予定しているほか、信用保証協会に対する貸付けは24,000百万円を予定している。また、中小企業信用保険事業に要する資金に充てるため、一般会計からの出資金46,600百万円を予定している。

　　資金計画は、次のとおりである。

	6年度(百万円)	5年度(百万円)
（資金調達）		
一般会計出資金	46,600	46,700
信用保証協会貸付回収金	24,000	24,000
保　険　料　収　入	228,629	222,262
回　　収　　金	78,928	77,042
そ　　の　　他	6,507,628	6,493,408
計	6,885,785	6,863,412
（資金運用）		
信用保証協会貸付金	24,000	24,000
保　　険　　費	840,181	844,086
そ　　の　　他	6,021,604	5,995,326
計	6,885,785	6,863,412

（５）　危機対応円滑化業務

　　６年度においては、内外の金融秩序の混乱又は大規模な災害、テロリズム若しくは感染症等による被害に対処するために必要な金融が、銀行その他の金融機関により迅速かつ円滑に行われるよう、必要とする資金需要に的確に対応することとし、国が指定した金融機関に対する融資事業の貸付規模として199,000百万円を計上している。この原資として、財政融資資金からの借入金99,000百万円及び社債の発行による収入100,000百万円を予定している。また、利子補給事業における利子補給金の原資として、一般会計からの補給金1百万円を予定している。さらに、損害担保事業に要する資本に充てるため、一般会計から10百万円を出資することとしている。なお、別途、一般会計から株式会社日本政策金融公庫補助金218百万円を交付することとしている。

　　資金計画は、次のとおりである。

	6年度(百万円)	5年度(百万円)
（資金調達）		
財政融資資金借入金	99,000	99,000
社　　　　　債	100,000	100,000
計	199,000	199,000
（資金運用）		
貸　　　　　付	199,000	199,000

（注）　５年度の社債100,000百万円、６年度の社債100,000百万円については、政府保証を付すことを予定している。

（６）　特定事業等促進円滑化業務

　　６年度においては、エネルギー環境適合製品を開発又は製造する事業のうち、我が国産業活動の発達及び改善に特に資するものの実施、事業再編又は事業適応の取組の実施、特定高度情報通信技術活用システムの開発供給等又は特定半導体生産施設整備等の実施、造船事業者等による生産性向上のための基盤整備等の実施、船舶運航事業者等による高性能、高品質な船舶の導入の実施及び特定重要物資等の安定供給確保のための取組に関する事業の実施を図るために必要な資金の貸付けが、銀行その他の金融機関により円滑に行われるよう、必要とする資金需要に的確に対応することとし、貸付規模として195,000百万円を計上している。この原資として、財政融資資金からの借入金195,000百万円を予定している。また、事業適応の取組の実施のうち

カーボンニュートラル実現に向けた取組においては、利子補給事業を予定しており、その利子補給の原資として、エネルギー対策特別会計エネルギー需給勘定からの補助金400百万円を予定している。なお、別途、一般会計から株式会社日本政策金融公庫補助金107百万円を交付することとしている。

資金計画は、次のとおりである。

	6年度(百万円)	5年度(百万円)
(資金調達)		
財政融資資金借入金	195,000	236,700
(資金運用)		
貸付	195,000	236,700

3　株式会社国際協力銀行

この銀行は、一般の金融機関が行う金融を補完することを旨としつつ、我が国にとって重要な資源の海外における開発及び取得を促進し、我が国の産業の国際競争力の維持及び向上を図り、並びに地球温暖化の防止等の地球環境の保全を目的とする海外における事業を促進するための金融の機能を担うとともに、国際金融秩序の混乱の防止又はその被害への対処に必要な金融を行い、もって我が国及び国際経済社会の健全な発展に寄与することを目的としている。

6年度においては、「株式会社国際協力銀行法」（平23法39）の改正による業務拡充を踏まえ、我が国産業の国際競争力の維持・向上に資するサプライチェーン強靱化やスタートアップ企業を含む日本企業の更なるリスクテイクにつながる取組等を支援していくこととし、総額2,860,000百万円の事業規模を計上している。これらの原資として、財政投融資特別会計投資勘定からの出資金116,000百万円、外国通貨長期借入金40,000百万円、財政融資資金からの借入金400,000百万円、社債の発行による収入1,458,500百万円、貸付回収金等845,500百万円を予定している。

なお、グローバル投資強化ファシリティにおいて資金需要の増加等に伴い外貨資金が必要な場合にあっては、外国為替資金からの借入れを行う場合がある。

資金計画は、次のとおりである。

	6年度(百万円)	5年度(百万円)
(資金調達)		
財政投融資特別会計投資勘定出資金	116,000	(90,000) 113,000
外国通貨長期借入金	40,000	40,000
財政融資資金借入金	400,000	(981,000) 1,258,000
社債	1,458,500	1,865,000
貸付回収金等	845,500	△ 326,000
計	2,860,000	(2,650,000) 2,950,000
(資金運用)		
一般業務	2,700,000	(2,500,000) 2,800,000
輸出	300,000	300,000
輸入・投資	1,800,000	(1,600,000) 1,850,000
事業開発等	450,000	(450,000) 470,000
出資	150,000	(150,000) 180,000
特別業務	160,000	150,000
輸出	33,000	43,000
輸入・投資	90,000	75,000
事業開発等	7,000	7,000
出資	30,000	25,000
計	2,860,000	(2,650,000) 2,950,000

(注)　5年度の社債1,845,000百万円及び外国通貨長期借入金40,000百万円並びに6年度の社債1,438,500百万円及び外国通貨長期借入金40,000百万円については、政府保証を付すことを予定している。

4　独立行政法人国際協力機構有償資金協力部門

この機構は、開発途上にある海外の地域（以下「開発途上地域」という。）に対する技術協力の実施、有償及び無償の資金供与による協力の実施並びに開発途上地域の住民を対象とする国民等の協力活動の促進に必要な業務を行い、中南米地域等への移住者の定着に必要な業務を行い、並びに開発途上地域等における大規模な災害に対する緊急援助の実施に必要な業務を行い、もってこれらの地域の経済及び社会の開発若しくは復興又は経済の安定に寄与することを通じて、国際協力の促進並びに我が国及び国際経済社会の健全な発展に資することを目的としている。

この機構において、政府関係機関予算となっているのは、開発途上地域の政府等に対して有償の資金供与による協力の実施等を行う有償資金協力部門である。

6年度においては、2,280,000百万円の出融資を行うこととし、これらの原資として、一般会計からの出資金48,480百万円、財政融資資金からの借入金1,477,000百万円、国際協力機構債券の発行による収入245,000百万円及び貸付回収金等509,520百万円を予定している。

資金計画は、次のとおりである。

	6年度(百万円)	5年度(百万円)
(資金調達)		
一般会計出資金	48,480	47,840
財政融資資金借入金	1,477,000	(1,043,100) 1,449,100
国際協力機構債券	245,000	305,500
貸付回収金等	509,520	497,560
計	2,280,000	(1,894,000) 2,300,000
(資金運用)		
直 接 借 款	2,150,000	(1,768,500) 2,115,000
海 外 投 融 資	130,000	(125,500) 185,000
計	2,280,000	(1,894,000) 2,300,000

（注） 国際協力機構債券のうち、政府保証を伴うものとして、6年度165,000百万円を予定している。

付　　　　　　表

1 令和6年度一般会計予算の概要

（単位　百万円、％）

区　　分	6年度予算額	5　年　度　予　算　額		比較増△減額（増△減率）	
		当　　　初	補正(第1号)後	当　　　初	補正(第1号)後
（　歳　　出　）					
1 一　般　歳　出	67,776,358	72,731,720	84,724,477	(△　　6.8) △　4,955,362	(△　　20.0) △　16,948,119
2 地方交付税交付金等	17,786,311	16,399,176	17,181,159	(8.5) 1,387,135	(3.5) 605,152
3 国　　債　　費	27,009,019	25,250,340	25,674,763	(7.0) 1,758,679	(5.2) 1,334,256
合　　　　　計	112,571,688	114,381,236	127,580,400	(△　　1.6) △　1,809,547	(△　　11.8) △　15,008,711
（　歳　　入　）					
1 租税及印紙収入	69,608,000	69,440,000	69,611,000	(0.2) 168,000	(△　　0.0) △　3,000
2 そ　の　他　収　入	7,514,688	9,318,236	13,471,400	(△　19.4) △　1,803,547	(△　44.2) △　5,956,711
3 公　　債　　金	35,449,000	35,623,000	44,498,000	(△　　0.5) △　174,000	(△　20.3) △　9,049,000
合　　　　　計	112,571,688	114,381,236	127,580,400	(△　　1.6) △　1,809,547	(△　　11.8) △　15,008,711

2　令和6年度一般会計歳入歳出予算経常部門及び投資部門区分表

区　　分	6年度予算額	5年度予算額	比較増△減
Ⅰ　経　常　部　門			
（歳　　入）			
租　税　及　印　紙　収　入	695,785	694,127	1,659
税　外　収　入	68,926	87,455	△　18,529
公　債　金	288,700	290,650	△　1,950
小　　　　　計	1,053,411	1,072,232	△　18,821
投　資　部　門　へ　充　当	△　2,593	△　2,619	26
計	1,050,818	1,069,613	△　18,795
（歳　　出）			
一　般　経　費	1,030,818	1,014,613	16,205
原油価格・物価高騰対策及び賃上げ促進環境整備対応予備費	10,000	40,000	△　30,000
ウクライナ情勢経済緊急対応予備費	―	10,000	△　10,000
予　　備　　費	10,000	5,000	5,000
計	1,050,818	1,069,613	△　18,795
Ⅱ　投　資　部　門			
（歳　　入）			
租　税　及　印　紙　収　入	295	273	21
税　外　収　入	6,221	5,727	494
公　債　金	65,790	65,580	210
小　　　　　計	72,306	71,581	725
経　常　部　門　か　ら　充　当	2,593	2,619	△　26
計	74,899	74,199	699
（歳　　出）			
公共事業関係費、施設費等	74,899	74,199	699
Ⅲ　合　　　　計	1,125,717	1,143,812	△　18,095

（注）　1　(1)　経常部門の「公債金」（288,700億円）は、「財政運営に必要な財源の確保を図るための公債の発行の特例に関する法律」（平24法101）第3条第1項の規定により発行する公債に係る公債金収入の見込額である。

　　　　　　(2)　投資部門の「公債金」（65,790億円）は、「財政法」（昭22法34）第4条第1項ただし書の規定により発行する公債に係る公債金収入の見込額である。

　　　　2　「公共事業関係費、施設費等」には、出資金及び貸付金が含まれる。

　　　　3　5年度の計数は、当初予算額である。

（付）　投 資 部 門 歳 出 内 訳

（単位　億円）

区　　　　　分	6 年度予算額	5 年度予算額	比 較 増 △ 減	
Ⅰ　公　共　事　業　費				
（イ）公 共 事 業 関 係 費	60,194	60,196	△	2
（特 定 財 源 見 合	6,404	5,901		503
（財 政 法 公 債 対 象	53,790	54,296	△	505
（ロ）そ　の　他　施　設　費	10,437	9,635		802
（特 定 財 源 見 合	112	100		12
（財 政 法 公 債 対 象	10,325	9,535		790
Ⅱ　出　　　資　　　金	3,082	3,216	△	134
（財 政 法 公 債 対 象）				
Ⅲ　貸　　　付　　　金	1,185	1,151		34
（財 政 法 公 債 対 象）				
Ⅳ　合　　　　　　　計	74,899	74,199		699
（特 定 財 源 見 合	6,516	6,001		515
（財 政 法 公 債 対 象	68,383	68,199		184

（注）　1　6年度の「財政法公債対象経費」68,383億円の内訳は、第2 一般会計（B）歳入5公債金(57頁)の説明に掲
　　　　　げられているとおりである。
　　　2　上記の「公共事業関係費」の計数は、主要経費別分類の公共事業関係費の計数から、（1）経常部門の歳出
　　　　　としている住宅対策諸費（住宅建設事業調査費及び独立行政法人住宅金融支援機構出資金を除く。）及び民間
　　　　　都市開発推進機構補給金、（2）投資部門の「出資金」として整理している国立研究開発法人森林研究・整備
　　　　　機構出資金、独立行政法人住宅金融支援機構出資金及び独立行政法人日本高速道路保有・債務返済機構出
　　　　　資金並びに（3）投資部門の「貸付金」として整理している都市開発資金貸付金、電線敷設工事資金貸付金、
　　　　　自動運行補助施設設置工事資金貸付金、埠頭整備等資金貸付金、港湾開発資金貸付金、特定連絡道路工事
　　　　　資金貸付金、有料道路整備資金貸付金及び連続立体交差事業資金貸付金の計数を控除したものである。
　　　3　「公共事業関係費」の「特定財源見合」の計数は、（1）航空機燃料税財源見合の空港整備事業費、（2）公共
　　　　　事業費負担金相当額、（3）受託工事収入人件費等相当額、（4）附帯工事費負担金人件費等相当額及び（5）
　　　　　河川管理費人件費等相当額の合計額である。
　　　4　「その他施設費」の「特定財源見合」の計数は、電波利用料財源見合の施設整備費相当額である。
　　　5　5年度の計数は、当初予算額である。

3 令和6年度一般会計歳出予算所管別対前年度比較表

(単位 千円)

所 管 別	6年度予算額	5年度予算額		比 較 増 △ 減	
		当　　　初	補正(第1号)後	当　　　初	補 正 (第1号) 後
皇 室 費	10,141,535	6,708,028	6,708,028	3,433,507	3,433,507
国　　　会	129,977,426	128,221,173	133,536,464	1,756,253	△ 3,559,038
裁 判 所	330,979,009	322,216,780	326,876,437	8,762,229	4,102,572
会 計 検 査 院	16,282,621	15,824,524	16,224,591	458,097	58,030
内　　　閣	111,459,939	106,443,244	150,325,198	5,016,695	△ 38,865,259
内 閣 府	5,067,112,425	4,898,290,044	6,782,489,488	168,822,381	△ 1,715,377,063
デ ジ タ ル 庁	496,407,038	495,147,119	667,342,801	1,259,919	△ 170,935,763
総 務 省	18,210,671,996	16,862,510,254	18,381,430,483	1,348,161,742	△ 170,758,487
法 務 省	740,479,227	725,004,143	750,698,384	15,475,084	△ 10,219,157
外 務 省	725,715,593	743,449,543	1,008,277,065	△ 17,733,950	△ 282,561,472
財 務 省	30,277,723,415	35,476,279,656	34,641,989,864	△ 5,198,556,241	△ 4,364,266,449
文 部 科 学 省	5,338,440,212	5,294,138,248	6,622,900,876	44,301,964	△ 1,284,460,664
厚 生 労 働 省	33,819,068,928	33,140,840,797	34,503,373,687	678,228,131	△ 684,304,759
農 林 水 産 省	2,093,344,256	2,093,667,543	2,832,697,937	△ 323,287	△ 739,353,681
経 済 産 業 省	869,511,554	880,893,568	4,426,472,076	△ 11,382,014	△ 3,556,960,522
国 土 交 通 省	6,096,484,115	6,077,752,328	8,242,542,031	18,731,787	△ 2,146,057,916
環 境 省	320,712,419	325,883,131	486,678,635	△ 5,170,712	△ 165,966,216
防 衛 省	7,917,176,714	6,787,965,446	7,599,835,786	1,129,211,268	317,340,928
合　　　計	112,571,688,422	114,381,235,569	127,580,399,831	△ 1,809,547,147	△ 15,008,711,409

(注) こども家庭庁(内閣府所管)の6年度予算額は4,145,690,196千円である。

4　令和6年度予算定員対前年度比較表

区　　　　　分	6年度末予算定員 人	5年度末予算定員 人	比　較　増　△　減 人
一　般　会　計	563,714	561,048	2,666
特　別　会　計	22,368	22,447	△　79
計	586,082	583,495	2,587
政　府　関　係　機　関	10,368	10,324	44
合　　　　　計	596,450	593,819	2,631

（1）総　括　表

所　管　別	6年度末予算定員			5年度末予算定員			比　較　増　△　減		
	一般会計 人	特別会計 人	計 人	一般会計 人	特別会計 人	計 人	一般会計 人	特別会計 人	計 人
国　　　　　会	3,918	—	3,918	3,916	—	3,916	2	—	2
裁　判　所	25,539	—	25,539	25,570	—	25,570	△　31	—	△　31
会　計　検　査　院	1,254	—	1,254	1,254	—	1,254	—	—	—
内　　　　　閣	2,207	—	2,207	2,057	—	2,057	150	—	150
内　閣　府	16,147	110	16,257	15,908	110	16,018	239	—	239
デ ジ タ ル 庁	549	—	549	497	—	497	52	—	52
復　興　庁	—	784	784	—	799	799	—	△　15	△　15
総　務　省	4,865	—	4,865	4,810	—	4,810	55	—	55
法　務　省	55,538	—	55,538	55,222	—	55,222	316	—	316
外　務　省	6,674	—	6,674	6,604	—	6,604	70	—	70
財　務　省	72,976	418	73,394	72,467	418	72,885	509	—	509
文　部　科　学　省	2,187	—	2,187	2,148	—	2,148	39	—	39
厚　生　労　働　省	24,177	9,602	33,779	23,856	9,681	33,537	321	△　79	242
農　林　水　産　省	19,398	178	19,576	19,414	201	19,615	△　16	△　23	△　39
経　済　産　業　省	5,218	2,868	8,086	5,141	2,866	8,007	77	2	79
国　土　交　通　省	52,521	7,664	60,185	51,903	7,632	59,535	618	32	650
環　境　省	2,136	744	2,880	2,081	740	2,821	55	4	59
防　衛　省	21,256	—	21,256	21,046	—	21,046	210	—	210
計	316,560	22,368	338,928	313,894	22,447	336,341	2,666	△　79	2,587
自　衛　官	247,154	—	247,154	247,154	—	247,154	—	—	—
合　　　計	563,714	22,368	586,082	561,048	22,447	583,495	2,666	△　79	2,587

(注)　1　こども家庭庁(内閣府所管)の6年度末予算定員は465人である。
　　　2　復興庁所管の6年度末予算定員(東日本大震災復興特別会計784人)は、復興庁221人のほか、内閣2人、法務省4人、文部科学省20人、農林水産省13人、国土交通省3人及び環境省521人の定員を含む。

（2）一　般　会　計

所　管　別	6年度末予算定員 人	5年度末予算定員 人	比　較　増　△　減 人
国　　　　　会	3,918	3,916	2
裁　判　所	25,539	25,570	△　31
会　計　検　査　院	1,254	1,254	—
内　　　　　閣	2,207	2,057	150
内　閣　府	16,147	15,908	239
デ ジ タ ル 庁	549	497	52

所　　管　　別	6年度末予算定員 人	5年度末予算定員 人	比較増△減 人
総　　務　　省	4,865	4,810	55
法　　務　　省	55,538	55,222	316
外　　務　　省	6,674	6,604	70
財　　務　　省	72,976	72,467	509
文　部　科　学　省	2,187	2,148	39
厚　生　労　働　省	24,177	23,856	321
農　林　水　産　省	19,398	19,414	△　16
経　済　産　業　省	5,218	5,141	77
国　土　交　通　省	52,521	51,903	618
環　　境　　省	2,136	2,081	55
防　　衛　　省	21,256	21,046	210
計	316,560	313,894	2,666
自　　衛　　官	247,154	247,154	－
合　　　計	563,714	561,048	2,666

（3）特　別　会　計

会　　計　　別	6年度末予算定員 人	5年度末予算定員 人	比較増△減 人
地　震　再　保　険	6	6	－
外　国　為　替　資　金	49	49	－
財　政　投　融　資	363	363	－
エ　ネ　ル　ギ　ー　対　策	855	853	2
労　　働　　保　　険	9,246	9,312	△　66
年　　　　　金	403	416	△　13
食　料　安　定　供　給	178	201	△　23
特　　　　　許	2,820	2,816	4
自　動　車　安　全	7,664	7,632	32
東　日　本　大　震　災　復　興	784	799	△　15
計	22,368	22,447	△　79

（4）政　府　関　係　機　関

機　　関　　別	6年度末予算定員 人	5年度末予算定員 人	比較増△減 人
沖　縄　振　興　開　発　金　融　公　庫	227	225	2
株　式　会　社　日　本　政　策　金　融　公　庫	7,441	7,454	△　13
株　式　会　社　国　際　協　力　銀　行	727	706	21
独立行政法人国際協力機構有償資金協力部門	1,973	1,939	34
計	10,368	10,324	44

（注）独立行政法人国際協力機構有償資金協力部門の予算定員の計数は、同部門の予算定員を特定することができないため、独立行政法人国際協力機構全体の人数を参考として記載している。

5 令和6年度予算に基づく財政資金対民間収支見込み

(△印は支払超過、単位：億円)

区　　　　分	6年度見込み		5年度見込み	
一　般　会　計		—	△	90,250
食料安定供給特別会計	△	420	△	620
財政投融資特別会計	△	6,230	△	56,650
外国為替資金特別会計		50	△	3,090
そ　の　他		697,780		898,830
合　　　計		691,180		748,220

(注) 1 「その他」は、「一般会計」等、上記に掲げる会計以外の特別会計等の計数の合計である。

2 各会計等の見込額は、国庫内振替収支を含む。

3 6年度見込みについては、日本銀行の国庫短期証券売買オペの実施予定額が見込めないことから、当該オペによる対民間の償還額への影響は見込んでいない。

4 5年度見込みについては、日本銀行が国庫短期証券売買オペにより取得した国庫短期証券の償還額53,580億円を見込んでいる。

6 令和4年の日本のODA実績

(贈与相当額ベース)

援 助 形 態	ドル・ベース(百万ドル)			円ベース(億円)		
	実 績	前年実績	対前年比(%)	実 績	前年実績	対前年比(%)
二 国 間 O D A	14,878	13,718	8.5	19,553	15,058	29.9
贈　　　　与	5,620	5,682	△ 1.1	7,386	6,237	18.4
無 償 資 金 協 力	3,258	3,259	△ 0.0	4,282	3,577	19.7
うち国際機関を通じた贈与	2,293	2,100	9.2	3,014	2,305	30.7
技 術 協 力	2,362	2,423	△ 2.5	3,105	2,660	16.7
政 府 貸 付 等	9,257	8,036	15.2	12,167	8,821	37.9
国際機関に対する出資・拠出等	2,622	3,918	△ 33.1	3,447	4,300	△ 19.9
O　D　A　合　計	17,500	17,636	△ 0.8	23,000	19,358	18.8

(注)　1　4年DAC指定レート：1ドル＝131.4円（3年109.8円）

　　　2　贈与相当額ベースは、OECD／DACが30年実績から標準のODA計上方式として採用。円借款等供与時に贈与に相当する額のみを計上し、返済時に減算計上をしない。

　　　3　従来用いられてきた支出総額ベースでは、22,263百万ドル(29,260億円)(3年21,953百万ドル(24,097億円))。円借款の回収金を除いた支出純額ベースでは、16,747百万ドル(22,011億円)(3年15,767百万ドル(17,307億円))。

7　中小企業対策費及び中小企業関係財政投融資

中小企業対策関係の一般会計及び財政投融資を一括して示すと、次のとおりである。

	6年度(百万円)	5年度(百万円)	比較増△減(百万円)
1　一　般　会　計			
株式会社日本政策金融公庫出資金（財務省分）	46,600	(46,700) 51,800	(△ 100) △ 5,200
株式会社日本政策金融公庫補給金（財務省分）	13,661	13,705	△ 44
中小企業最低賃金引上げ支援対策費	821	(991) 18,970	(△ 169) △ 18,148
中小企業政策推進費	46,148	(50,338) 380,727	(△ 4,190) △ 334,578
株式会社日本政策金融公庫補給金（経済産業省分）	17,728	17,598	129
株式会社日本政策金融公庫出資金（経済産業省分）	―	(―) 61,300	(―) △ 61,300
独立行政法人中小企業基盤整備機構運営費交付金	22,010	18,345	3,665
独立行政法人中小企業基盤整備機構出資金	―	(―) 12,000	(―) △ 12,000
そ　の　他	22,347	(22,699) 160,936	(△ 351) △ 138,588
計	169,316	(170,376) 735,381	(△ 1,060) △ 566,065
2　財　政　投　融　資			
株式会社日本政策金融公庫	2,875,466	4,879,439	△ 2,003,973
国民一般向け業務	1,645,466	2,955,439	△ 1,309,973
中小企業者向け業務	1,230,000	1,924,000	△ 694,000
沖縄振興開発金融公庫	89,244	92,046	△ 2,802
計	2,964,710	4,971,485	△ 2,006,775

（注）1　株式会社日本政策金融公庫国民一般向け業務については、教育資金貸付に係る財政投融資の額を除き計上している。

　　　2　沖縄振興開発金融公庫については、中小企業資金、生業資金及び生活衛生資金の貸付規模を基礎として算出された財政投融資の額のみを計上している。

8　環境保全経費総括表

環境保全経費を一括して示すと、次のとおりである。

	6年度 (百万円)	5年度 当初 (百万円)	比較増△減 (百万円)
地球環境の保全	1,165,604	601,706	563,899
一般会計	190,631	177,950	12,681
エネルギー対策特別会計	958,754	399,894	558,860
労働保険特別会計	264	407	△143
自動車安全特別会計	10,784	16,778	△5,995
東日本大震災復興特別会計	5,172	6,676	△1,504
生物多様性の保全及び持続可能な利用	160,887	160,585	302
一般会計	160,221	159,978	242
東日本大震災復興特別会計	666	607	60
循環型社会の形成	65,550	70,567	△5,017
一般会計	54,695	59,672	△4,977
エネルギー対策特別会計	9,665	10,486	△821
東日本大震災復興特別会計	1,190	409	781
水環境、土壌環境、地盤環境、海洋環境の保全	166,112	150,649	15,463
一般会計	165,100	149,686	15,414
エネルギー対策特別会計	193	112	81
東日本大震災復興特別会計	819	851	△32
大気環境の保全	147,865	143,298	4,567
一般会計	144,226	141,286	2,940
自動車安全特別会計	3,339	1,803	1,536
東日本大震災復興特別会計	301	209	92
包括的な化学物質対策	5,492	5,159	333
一般会計	5,417	5,084	333
労働保険特別会計	75	75	—
放射性物質による環境汚染の防止	281,138	354,323	△73,185
一般会計	4,600	4,750	△150
エネルギー対策特別会計	32,277	32,237	40
労働保険特別会計	284	284	—
東日本大震災復興特別会計	243,977	317,052	△73,075
各種施策の基盤となる施策等	150,059	153,643	△3,585
一般会計	106,244	108,916	△2,672
エネルギー対策特別会計	36,783	37,571	△788
食料安定供給特別会計	929	991	△61
東日本大震災復興特別会計	6,102	6,165	△63
合　計	2,142,708	1,639,930	502,777
一般会計	831,134	807,323	23,811
特別会計	1,311,574	832,607	478,966

9　消費税の収入(国分)及び消費税の収入(国分)が充てられる経費

(単位　億円)

区　　　　分	6年度予算額	5年度予算額	比較増△減
(歳　　　　入)			
消　費　税　の　収　入　(国　分)	191,775	(188,241) 185,085	(3,534) 6,690
(歳　　　　出)			
年　　　　　　　　　金	140,369	(137,141) 137,050	(3,227) 3,319
医　　　　　　　　　療	122,366	(121,517) 121,916	(849) 450
介　　　　　　　　　護	37,188	(36,809) 37,149	(379) 39
少　子　化　対　策	33,999	(31,414) 30,815	(2,586) 3,185
合　　　　　計	333,922	(326,882) 326,930	(7,040) 6,992

(注)「消費税の収入(国分)」の金額は、消費税の収入から地方交付税交付金(法定率分)に相当する金額を除い
　　た金額であり、消費税の収入の予算額の80.5/100に相当する金額である。

10 令和6年度独立行政法人に対する財源措置

（単位 百万円）

所管	法人名	一般会計				特別会計			
		運営費交付金	施設整備費補助金	その他の補助金等	計	運営費交付金	施設整備費補助金	その他の補助金等	計
内閣府	国立公文書館	2,572	—	30	2,602	—	—	—	—
	日本医療研究開発機構	6,564	—	117,334	123,898	—	—	—	—
	北方領土問題対策協会	1,344	—	136	1,479	—	—	—	—
	国民生活センター	3,166	—	—	3,166	—	—	—	—
総務省	情報通信研究機構	30,014	311	27,872	58,197	—	—	—	—
	統計センター	8,224	—	—	8,224	—	—	—	—
外務省	国際交流基金	11,738	—	—	11,738	—	—	—	—
	国際協力機構	147,413	709	48,480	196,602	—	—	—	—
財務省	酒類総合研究所	966	—	—	966	—	—	—	—
文部科学省	教職員支援機構	1,207	—	—	1,207	—	—	—	—
	国立青少年教育振興機構	7,746	—	—	7,746	—	—	—	—
	国立女性教育会館	479	—	—	479	—	—	—	—
	国立特別支援教育総合研究所	1,101	—	—	1,101	—	—	—	—
	大学改革支援・学位授与機構	1,771	—	—	1,771	—	—	—	—
	大学入試センター	—	—	632	632	—	—	—	—
	国立高等専門学校機構	62,877	2,317	722	65,916	—	—	—	—
	日本学術振興会	27,498	—	238,601	266,099	—	—	—	—
	物質・材料研究機構	14,424	—	—	14,424	—	—	—	—
	科学技術振興機構	100,970	139	2,988	104,098	—	—	—	—
	理化学研究所	55,348	—	32,023	87,372	—	—	—	—
	量子科学技術研究開発機構	21,788	3,956	16,820	42,564	—	278	5	284
	防災科学技術研究所	7,951	—	1,738	9,688	—	—	—	—
	海洋研究開発機構	30,367	—	3,736	34,103	—	—	—	—
	宇宙航空研究開発機構	122,398	6,146	46,547	175,090	—	—	—	—
	日本原子力研究開発機構	36,479	—	12,592	49,071	95,357	—	2,200	97,557
	日本学生支援機構	16,604	—	367,474	384,079	—	—	—	—
	日本スポーツ振興センター	19,939	—	1,702	21,640	—	—	—	—
	国立科学博物館	2,855	—	—	2,855	—	—	—	—
	国立美術館	8,050	100	—	8,150	—	—	—	—
	国立文化財機構	9,578	—	—	9,578	—	—	—	—
	日本芸術文化振興会	11,669	—	11,339	23,008	—	—	—	—
厚生労働省	医薬基盤・健康・栄養研究所	4,024	253	38	4,315	—	—	—	—
	医薬品医療機器総合機構	2,466	—	1,401	3,867	—	—	—	—
	国立病院機構	—	—	2,704	2,704	—	—	—	—
	国立がん研究センター	6,816	—	1,642	8,459	—	—	—	—
	国立循環器病研究センター	4,396	—	93	4,489	—	—	—	—
	国立精神・神経医療研究センター	3,879	1,020	212	5,111	—	—	8	8
	国立国際医療研究センター	6,641	—	1,584	8,225	—	—	—	—
	国立成育医療研究センター	4,059	1,472	204	5,736	—	—	—	—
	国立長寿医療研究センター	3,192	—	90	3,282	—	—	—	—
	地域医療機能推進機構	—	—	13	13	—	—	—	—
	勤労者退職金共済機構	—	—	—	—	28	—	7,441	7,469
	高齢・障害・求職者雇用支援機構	863	—	—	863	72,253	4,783	2,947	79,982

（単位　百万円）

所管	法人名	一般会計				特別会計			
		運営費交付金	施設整備費補助金	その他の補助金等	計	運営費交付金	施設整備費補助金	その他の補助金等	計
	福祉医療機構	2,982	—	31,585	34,567	—	—	162	162
	国立重度知的障害者総合施設のぞみの園	1,231	—	—	1,231	—	—	—	—
	労働政策研究・研修機構	406	—	—	406	2,052	—	—	2,052
	労働者健康安全機構	—	—	49	49	12,180	1,413	15,468	29,061
農林水産省	農林水産消費安全技術センター	7,020	—	—	7,020	—	—	—	—
	農業者年金基金	4,660	—	76,075	80,735	—	—	—	—
	農業・食品産業技術総合研究機構	52,738	1,076	124	53,938	—	—	—	—
	農畜産業振興機構	3,073	—	99,953	103,026	—	—	—	—
	家畜改良センター	7,393	65	62	7,520	—	—	—	—
	農林漁業信用基金	—	—	403	403	—	—	112	112
	国際農林水産業研究センター	3,785	180	6	3,972	—	—	—	—
	森林研究・整備機構	10,259	424	25,369	36,052	—	—	215	215
	水産研究・教育機構	17,062	—	192	17,254	182	—	—	182
経済産業省	経済産業研究所	1,900	—	—	1,900	—	—	—	—
	日本貿易振興機構	26,220	—	4,471	30,691	—	—	83	83
	産業技術総合研究所	65,001	—	2	65,003	—	—	—	—
	新エネルギー・産業技術総合開発機構	12,556	—	360	12,916	170,242	—	230,000	400,242
	製品評価技術基盤機構	7,721	—	75	7,796	—	—	141	141
	情報処理推進機構	15,942	—	103	16,045	—	—	—	—
	エネルギー・金属鉱物資源機構	3,933	—	355	4,288	36,408	—	284,692	321,100
	中小企業基盤整備機構	22,010	—	—	22,010	185	—	—	185
	工業所有権情報・研修館	—	—	—	—	11,554	—	—	11,554
国土交通省	航空大学校	2,578	—	—	2,578	—	—	—	—
	鉄道建設・運輸施設整備支援機構	316	—	100,539	100,855	—	—	2,000	2,000
	海技教育機構	6,510	—	—	6,510	—	—	—	—
	土木研究所	8,747	360	—	9,107	—	—	—	—
	建築研究所	1,992	77	—	2,069	—	—	—	—
	海上・港湾・航空技術研究所	5,120	100	—	5,220	—	—	27	27
	自動車技術総合機構	776	—	—	776	2,155	1,831	—	3,986
	国際観光振興機構	12,542	—	—	12,542	—	—	—	—
	都市再生機構	—	—	20,911	20,911	—	—	—	—
	水資源機構	—	—	53,760	53,760	—	—	—	—
	日本高速道路保有・債務返済機構	—	—	4,717	4,717	—	—	—	—
	住宅金融支援機構	—	—	22,636	22,636	—	—	—	—
	自動車事故対策機構	—	—	—	—	9,658	171	4,289	14,118
	空港周辺整備機構	—	—	—	—	—	—	140	140
環境省	環境再生保全機構	7,035	—	7,015	14,050	—	—	4,058	4,058
	国立環境研究所	17,159	671	131	17,961	—	—	—	—
防衛省	駐留軍等労働者労務管理機構	4,070	—	—	4,070	—	—	—	—
	合計	1,142,172	19,377	1,387,643	2,549,191	412,255	8,476	553,988	974,719

11 令和6年度歳出予算主要経費別純計表（一般会計と特別会計の合計）

（単位 千円）

主　要　経　費　別	6年度予算額
（社　会　保　障　関　係　費）	
年　金　給　付　費	61,207,281,491
医　療　給　付　費	23,542,965,082
介　護　給　付　費	3,718,779,150
少　子　化　対　策　費	5,074,663,765
生　活　扶　助　等　社　会　福　祉　費	5,214,788,300
保　健　衛　生　対　策　費	447,227,103
雇　用　労　災　対　策　費	3,124,275,851
計	102,329,980,742
（文　教　及　び　科　学　振　興　費）	
義　務　教　育　費　国　庫　負　担　金	1,563,843,000
科　学　技　術　振　興　費	1,421,216,168
文　教　施　設　費	73,249,285
教　育　振　興　助　成　費	2,311,628,007
育　英　事　業　費	117,845,786
計	5,487,782,246
国　　　　債　　　　費	(89,370,734,702)
	224,886,087,737
恩　給　関　係　費	77,130,267
地　方　交　付　税　交　付　金	18,243,908,981
地　方　特　例　交　付　金	1,132,000,000
地　方　譲　与　税　譲　与　金	2,729,300,000
防　衛　関　係　費	7,917,176,714
（公　共　事　業　関　係　費）	
治　山　治　水　対　策　事　業　費	954,832,000
道　路　整　備　事　業　費	1,671,492,000
港　湾　空　港　鉄　道　等　整　備　事　業　費	734,776,391
住　宅　都　市　環　境　整　備　事　業　費	751,904,000
公園水道廃棄物処理等施設整備費	199,107,000
農　林　水　産　基　盤　整　備　事　業　費	613,161,000
社　会　資　本　総　合　整　備　事　業　費	1,393,281,000
推　　　進　　　費　　　等	62,338,000
小　　　　計	6,380,891,391
災　害　復　旧　等　事　業　費	85,524,183
計	6,466,415,574
経　済　協　力　費	504,106,097
中　小　企　業　対　策　費	170,917,801
エ　ネ　ル　ギ　ー　対　策　費	1,825,866,308
食　料　安　定　供　給　関　係　費	1,979,086,761
そ　の　他　の　事　項　経　費	17,818,889,208
〔う　ち　財　政　投　融　資　特　別　会　計〕	〔10,803,517,153〕
原油価格・物価高騰対策及び賃上げ促進環境整備対応予備費	1,000,000,000
復　興　加　速　化・福　島　再　生　予　備　費	80,000,000
予　　　　備　　　　費	1,574,872,500
歳　　出　　合　　計	(258,708,167,901)
	394,223,520,936

（注）　上段（　）書の計数は、国債整理基金特別会計における借換償還額控除後の額である。

12　令和6年度経済見通し主要経済指標

	令和4年度(実績) 兆円(名目)	令和5年度(実績見込み) 兆円程度(名目)	令和6年度(見通し) 兆円程度(名目)	対前年度比増減率 令和4年度 %(名目)	令和4年度 %(実質)	令和5年度 %程度(名目)	令和5年度 %程度(実質)	令和6年度 %程度(名目)	令和6年度 %程度(実質)
国 内 総 生 産	566.5	597.5	615.3	2.3	1.5	5.5	1.6	3.0	1.3
民 間 最 終 消 費 支 出	315.8	324.9	336.4	5.9	2.7	2.9	0.1	3.5	1.2
民 間 住 宅	21.8	21.9	22.2	1.5	△ 3.4	0.4	0.6	1.3	△ 0.3
民 間 企 業 設 備	96.9	100.1	104.8	7.8	3.4	3.3	0.0	4.7	3.3
民間在庫変動(　)内は寄与度	3.6	2.5	2.1	(0.2)	(0.1)	(△ 0.2)	(△ 0.2)	(△ 0.1)	(0.0)
財 貨 ・ サ ー ビ ス の 輸 出	123.2	130.2	136.8	18.7	4.7	5.6	3.2	5.0	3.0
(控除)財貨・サービスの輸入	146.2	137.0	144.7	32.3	7.1	△ 6.3	△ 2.6	5.6	3.4
内 需 寄 与 度				5.3	2.0	2.6	0.2	3.2	1.4
民 需 寄 与 度				4.8	2.0	2.0	△ 0.0	2.7	1.2
公 需 寄 与 度				0.5	△ 0.0	0.6	0.2	0.4	0.2
外 需 寄 与 度				△ 2.9	△ 0.5	2.8	1.4	△ 0.2	△ 0.1
国 民 総 所 得	600.6	633.6	653.8	3.1	0.4	5.5	2.9	3.2	1.4
労 働 ・ 雇 用	万人	万人程度	万人程度	%		%程度		%程度	
労 働 力 人 口	6,906	6,928	6,933	0.1		0.3		0.1	
就 業 者 数	6,728	6,749	6,759	0.3		0.3		0.2	
雇 用 者 数	6,048	6,089	6,101	0.6		0.7		0.2	
完 全 失 業 率	% 2.6	%程度 2.6	%程度 2.5						
生 産	%	%程度	%程度						
鉱工業生産指数・増減率	△ 0.3	△ 0.8	2.3						
物 価	%	%程度	%程度						
国内企業物価指数・変化率	9.5	2.0	1.6						
消費者物価指数・変化率	3.2	3.0	2.5						
GDP デフレーター・変化率	0.8	3.8	1.7						
国 際 収 支	兆円	兆円程度	兆円程度	%		%程度		%程度	
貿 易 ・ サ ー ビ ス 収 支	△ 23.4	△ 8.9	△ 10.9						
貿 易 収 支	△ 18.0	△ 3.9	△ 3.7						
輸 出	99.7	101.8	107.4	16.4		2.1		5.4	
輸 入	117.7	105.7	111.1	35.0		△ 10.2		5.0	
経 常 収 支	8.3	22.7	23.1						
経 常 収 支 対 名 目 GDP 比	% 1.5	%程度 3.8	%程度 3.7						

（注1）　消費者物価指数は総合である。

（注2）　上記の諸計数は、現在考えられる内外環境を前提とし、「令和6年度の経済見通しと経済財政運営の基本的態度」（6年1月26日閣議決定）において表明されている経済財政運営の下で想定された6年度の経済の姿を示すものであり、我が国経済は民間活動がその主体を成すものであること、また、国際環境の変化等には予見しがたい要素が多いことに鑑み、これらの数字はある程度幅を持って考えられるべきものである。

令和6年度予算編成の基本方針

(令和5年12月8日)
(閣　議　決　定)

1．基本的考え方

①　我が国経済は、コロナ禍の3年間を乗り越え、改善しつつある。30年ぶりとなる高水準の賃上げや企業の高い投資意欲など、経済の先行きには前向きな動きが見られており、デフレから脱却できる千載一遇のチャンスを迎えている。

　　他方、賃金上昇は物価上昇に追い付いておらず、個人消費は依然力強さを欠いている。これを放置すれば、再びデフレに戻るリスクがあり、また、潜在成長率が0％台半ばの低い水準で推移しているという課題もある。

②　こうした中、政府は、「デフレ完全脱却のための総合経済対策」(令和5年11月2日閣議決定)を策定した。この対策は、デフレ脱却のための一時的な措置として国民の可処分所得を下支えするとともに、構造的賃上げに向けた供給力の強化を図るものである。

　　3年程度の「変革期間」を視野に入れ、我が国経済を熱量あふれる新たなステージへと移行させるためのスタートダッシュと位置付けられている。

③　今後の経済財政運営に当たっては、まず、この対策を速やかに実行し、政策効果を国民一人一人、全国津々浦々に届け、デフレから完全脱却するとともに、「新しい資本主義」の旗印の下、社会課題の解決に向けた取組それ自体を成長のエンジンに変えることで、民需主導の持続的な成長、そして、「成長と分配の好循環」の実現を目指す。

　　人口減少を乗り越え、変化を力にする社会変革を起動・推進する中で、包摂社会の実現に取り組むとともに、国民の安全・安心の確保に万全を期し、経済社会の持続可能性を担保することを目指す。

④　持続的で構造的な賃上げの実現を目指し、引き続き、リ・スキリングによる能力向上の支援など、三位一体の労働市場改革、地域の中堅・中小企業、小規模事業者を含め、賃上げに向けた環境整備を進める。中小企業等の価格転嫁の円滑化、資金繰り、経営改善・再生等の支援を行う。

　　供給力の強化に向けて、科学技術の振興及びイノベーションの促進、グリーントランスフォーメーション(GX)、デジタルトランスフォーメーション(DX)、半導体・AI等の分野での国内投資の促進、海洋や宇宙等のフロンティアの開拓、スタートアップへの支援等に取り組む。

⑤　若者・子育て世代の所得向上に全力で取り組む。全てのこども・子育て世帯を対象とする支援の拡充など、「こども未来戦略方針」(令和5年6月13日閣議決定)で示された「こども・子育て支援加速化プラン」を推進し、少子化対策・こども政策を抜本的に強化する。

　　多様性が尊重され、全ての人が力を発揮できる包摂社会の実現を目指し、全世代型社会保障の構築、女性活躍の推進、高齢者活躍の推進、認知症施策、障害者の社会参加や地域移行の推進、就職氷河期世代への支援、孤独・孤立対策等に取り組む。

⑥　令和6年度の診療報酬・介護報酬・障害福祉サービス等報酬の同時改定においては、物価高騰・賃金上昇、経営の状況、支え手が減少する中での人材確保の必要性、患者・利用者負担・保険料負担への影響を踏まえ、患者・利用者が必要なサービスが受けられるよう、必要な対応を行う。

⑦　「デジタル田園都市国家構想総合戦略」(令和4年12月23日閣議決定)に基づき、デジタル技術の活用によって、「全国どこでも誰もが便利で快適に暮らせる社会」の実現を目指すとともに、地方活性化に向けた基盤づくりを推進し、地方創生につなげる。

　　アナログを前提とした行財政の仕組みを全面的に改革する「デジタル行財政改革」を起動・推進する。人口減少の下でも、従来以上

に質の高い公共サービスを効率的に提供する
ため、利用者起点に立って、教育、交通、介
護、子育て・児童福祉等の分野において、デ
ジタル技術の社会実装や制度・規制改革を推
進する。

⑧ 質の高い公教育の再生、文化・芸術・ス
ポーツの振興、農林水産業の振興、交通・物
流インフラの整備、観光立国に向けた取組の
推進、2050年カーボンニュートラルを目指
したグリーン社会、地域・くらしの脱炭素化
やサーキュラーエコノミーの実現、2025年
大阪・関西万博に向けた着実な準備等に取り
組む。

⑨ 防災・減災、国土強靱化の取組を着実に推
進するとともに、中長期的かつ明確な見通し
の下、継続的・安定的に切れ目なく取組が進
められるよう、施策の実施状況の調査など、
「実施中期計画」の策定に向けた検討を進め
る。

東日本大震災からの復興・創生に取り組
む。ＡＬＰＳ処理水に関し、引き続き、科学
的根拠に基づき、透明性の高い情報発信を行
う。

⑩ ロシアのウクライナ侵略など、国際秩序が
重大な挑戦にさらされる中にあって、Ｇ７広
島サミットや日本ＡＳＥＡＮ友好協力50周
年特別首脳会議の成果も踏まえ、グローバ
ル・サウスとの連携の強化を含め、法の支配
に基づく自由で開かれた国際秩序の堅持のた
めの外交を積極的に展開する。

国民の生命と我が国の領土・領海・領空を
断固として守り抜くため、令和5年度から令
和9年度までの5年間で43兆円程度の防衛
力整備の水準を確保し、防衛力の抜本的強化
を速やかに実現する。

⑪ 国際環境の不確実性が高まり、グローバ
ル・サプライチェーンの再編が進展する中、
高い技術力を持つ我が国として、投資の促進
を通じ重要物資の供給力を高め、ショックに
対してより強靱な経済社会構造を確立する。

半導体を始めとする重要な物資の安定供給
の確保や先端的な重要技術の育成など、経済
安全保障を推進するとともに、食料安全保障
及びエネルギー安全保障を強化する。

⑫ 経済財政運営においては、経済の再生が最
優先課題である。経済あっての財政であり、
経済を立て直し、そして、財政健全化に向け

て取り組むとの考え方の下、財政への信認を
確保していく。

賃金や調達価格の上昇を適切に考慮しつ
つ、歳出構造を平時に戻していく。

政策の長期的方向性や予見可能性を高める
よう、単年度主義の弊害を是正し、国家課題
に計画的に取り組む。

2. 予算編成についての考え方

① 令和6年度予算は、令和5年度補正予算と
一体として、上記の基本的考え方及び「経済
財政運営と改革の基本方針2023」（令和5年
6月16日閣議決定。以下「骨太方針2023」と
いう。）に沿って編成する。

足下の物価高に対応しつつ、持続的で構造
的な賃上げや、デフレからの完全脱却と民需
主導の持続的な成長の実現に向け、

・ 人への投資、科学技術の振興及びイノ
ベーションの促進、ＧＸ、ＤＸ、半導体・Ａ
Ｉ等の分野での国内投資の促進、海洋、宇宙
等のフロンティアの開拓、スタートアップへ
の支援、少子化対策・こども政策の抜本強化
を含む包摂社会の実現など、新しい資本主義
の実現に向けた取組の加速

・ 防災・減災、国土強靱化など、国民の安
全・安心の確保

・ 防衛力の抜本的強化を含む外交・安全保
障環境の変化への対応
を始めとする重要な政策課題について、必要
な予算措置を講ずるなど、メリハリの効いた
予算編成を行う。

② その際、骨太方針2023で示された「本方
針、骨太方針2022及び骨太方針2021に基づ
き、経済・財政一体改革を着実に推進する。
ただし、重要な政策の選択肢をせばめること
があってはならない」との方針を踏まえる。

③ 歳出の中身をより結果につながる効果的な
ものとするため、骨太方針2023を踏まえ、
新経済・財政再生計画の改革工程表を改定
し、ＥＢＰＭ[1]やＰＤＣＡ[2]の取組を推進
し、効果的・効率的な支出（ワイズスペン
ディング）を徹底する。

1 Evidence Based Policy Making の略称。証拠に
基づく政策立案をいう。
2 企画立案(Plan)、実施(Do)、評価(Check)、改
善(Act)をいう。

令和6年度財政投融資計画の説明

この説明及び付表は、国会における予算審議の便に供するため早急に作成したので、計数その他訂正を要する場合もあることを了承されたい。

　また、5年度の計数は、特に説明のない限り、当初計画の額である。

　なお、計数は、原則としてそれぞれ四捨五入によっているので、端数において合計とは合致しないものがある。

（符号：原則として「0」＝単位未満、「―」＝皆無）

目　　　次

令和6年度財政投融資計画の説明

第1 総 説

1 財政投融資計画策定の基本的考え方

6年度財政投融資計画の策定にあたっては、成長力強化に向けた重要分野(賃上げ、スタートアップ、GX、サプライチェーン強靱化等)や、国際環境変化への対応(日本企業の海外展開支援、天然資源確保等)等に重点的に資金を供給することとした。

この結果、6年度財政投融資計画の規模は、133,376億円(5年度計画比18.0%減)となっている。このうち、産業投資は4,747億円(5年度計画比10.4%増)となっている。

最近における財政投融資計画の規模の推移は、次のとおりである。

	金　額 (億円)	対前年度伸率 (%)
2年度	132,195	0.8
3年度	409,056	209.4
4年度	188,855	△　53.8
5年度	162,687	△　13.9
6年度	133,376	△　18.0

なお、経済事情の変動等に応じ、機動的かつ弾力的に対処するため、政府関係機関、独立行政法人等に対して、財政融資資金の長期運用予定額及び債務に係る政府保証の限度額を年度内に50%の範囲内で増額しうるよう、弾力条項を設けることとした。ただし、財政融資資金の長期運用予定額の追加の総額に25%の上限を設けることとした。

2 重要施策

成長力強化に向けた重要分野への投資については、株式会社日本政策金融公庫において、賃上げに取り組む中小・小規模事業者への金融支援により構造的賃上げの実現に向けた環境整備を促進するとともに、スタートアップの資金需要に的確に対応し、成長を後押しすることとするほか、株式会社日本政策投資銀行において、インフラ・製造業への長期資金供給に加え、サプライチェーン強靱化・インフラ高度化やGX、スタートアップに対して重点的にリスクマネーを供給することとしている。このほか、株式会社産業革新投資機構において、スタートアップ向け投資、大企業・中堅企業向け成長・事業再編投資、民間ファンドへのLP出資により我が国の産業競争力強化に資するリスクマネー供給を行うこととしている。

国際環境変化に対応するための海外投融資については、独立行政法人国際協力機構において、開発途上国の社会経済の安定や、グローバル・サウス諸国との連携強化のため、日本の高い技術・ノウハウを活用した質の高いインフラ輸出等を支援することとするほか、株式会社国際協力銀行において、「株式会社国際協力銀行法」(平23法39)の改正による業務拡充を踏まえ、サプライチェーン強靱化の取組を行うとともに、引き続き、地球環境保全を目的としたGXの取組を支援することとしている。このほか、独立行政法人エネルギー・金属鉱物資源機構において、天然ガスやレアメタル等の金属鉱物資源の安定的な供給に向けた取組のための出資等を行うこととしている。

地方公共団体向けについては、地方債計画に基づき、社会資本整備や災害復旧を中心に、地方公共団体の円滑な資金調達に貢献する観点から、必要な資金需要に的確に対応することとしている。

なお、各分野の措置状況は以下のとおりである。

(1) 中小零細企業

中小零細企業については、29,647億円（5年度49,715億円）の財政投融資を予定し、これにより、株式会社日本政策金融公庫において、物価高等の影響により厳しい状況にある中小企業等の資金繰り支援に万全を期すとともに、構造的賃上げの実現に向けた環境整備、創業・スタートアップ、事業承継等を支援すること等としている。

（2）農林水産業

農林水産業については、7,722億円（5年度7,962億円）の財政投融資を予定し、これにより、株式会社日本政策金融公庫において、スマート農業技術活用促進資金（仮称）を新設することにより、スマート農業技術の普及による農業の生産性の向上を後押しするほか、農業経営基盤強化資金において公庫資金の借換えを可能にし、農業者の前向きな経営改善の取組を支援するなど、農林水産業の生産性の向上を目的とした設備投資等への資金需要に的確に対応すること等としている。

（3）教育

教育については、8,234億円（5年度8,047億円）の財政投融資を予定し、これにより、独立行政法人日本学生支援機構において、進学意欲のある学生等に対し、貸付規模として所要の額を確保すること等としている。

（4）福祉・医療

福祉・医療については、4,422億円（5年度4,362億円）の財政投融資を予定し、これにより、独立行政法人福祉医療機構において、福祉医療サービスの基盤強化の観点から、児童福祉施設、老人福祉施設及び医療関連施設の整備等の資金需要に的確に対応すること等としている。

（5）環境

環境については、932億円（5年度1,007億円）の財政投融資を予定し、これにより、株式会社脱炭素化支援機構において、カーボンニュートラルの実現に欠かせない民間による自発的な事業活動をあらゆる分野で誘発するため、脱炭素化に資する事業活動への資金供給を的確に行うこと等としている。

（6）産業・イノベーション

産業・イノベーションについては、11,341億円（5年度10,521億円）の財政投融資を予定し、これにより、株式会社日本政策投資銀行において、インフラ事業や製造業を中心に、民間資金だけでは十分な対応が困難な長期資金を供給するとともに、特定投資業務においては、サプライチェーン強靱化・インフラ高度化やGX、スタートアップ等に資する企業の競争力強化や地域活性化の実現に向けた資本性資金を供給することとするほか、株式会社産業革新投資機構において、国内外のベンチャーや事業再編等におけるオープン・イノベーションを促進するために必要な資金を供給すること等としている。

（7）住宅

住宅については、8,084億円（5年度7,681億円）の財政投融資を予定し、これにより、独立行政法人都市再生機構において、老朽化した賃貸住宅の建替え及び既存賃貸住宅ストックの有効活用を図るための増改築事業等を推進すること等としている。

（8）社会資本

社会資本については、27,431億円（5年度29,211億円）の財政投融資を予定し、これにより、独立行政法人日本高速道路保有・債務返済機構において、承継債務の円滑な償還・利払い等を実施すること等としている。

（9）海外投融資等

海外投融資等については、29,933億円（5年度35,430億円）の財政投融資を予定し、これにより、独立行政法人国際協力機構において、円借款及び海外投融資の戦略的活用等を図ることとするほか、株式会社国際協力銀行において、「株式会社国際協力銀行法」（平23法39）の改正による業務拡充を踏まえ、我が国産業の国際競争力の維持・向上に資するサプライチェーン強靱化、スタートアップ企業を含む日本企業の更なるリスクテイクにつながる取組を支援すること等としている。

3　原資

6年度財政投融資の原資としては、5年度計

画額に対し 29,311 億円 (18.0%) 減の 133,376 億円を計上している。

　財政融資については、財政融資資金 102,868 億円を計上している。

　財政融資資金の資金調達に関しては、新たな貸付け及び既往の貸付けの継続に必要な財源として、6 年度において、財政投融資特別会計国債 100,000 億円の発行を予定している。なお、財政融資資金の資金繰りのため、財政融資資金証券 35,000 億円の発行を予定している。

　産業投資については、株式会社国際協力銀行等の納付金、日本たばこ産業株式会社及び日本電信電話株式会社等の配当金等を見込むことにより、4,747 億円を計上している。

　政府保証については、政府保証国内債 16,031 億円、政府保証外債 9,330 億円、政府保証外貨借入金 400 億円の合計 25,761 億円を計上している。

機　関　名	財政融資	産業投資	政府保証	合　計	参　考	
					自己資金等	再　計
（特　別　会　計）						
食料安定供給特別会計	7	—	—	7	69	76
エネルギー対策特別会計	79	—	—	79	15,602	15,681
自動車安全特別会計	360	—	—	360	1,588	1,948
（政府関係機関）						
株式会社日本政策金融公庫	40,075	—	—	40,075	(2,900) 19,741	59,816
沖縄振興開発金融公庫	1,946	70	—	2,016	(100) 247	2,263
株式会社国際協力銀行	4,000	1,160	5,880	11,040	(200) 17,560	28,600
独立行政法人国際協力機構	14,770	—	1,650	16,420	(800) 6,380	22,800
（独立行政法人等）						
全国土地改良事業団体連合会	15	—	—	15	17	32
日本私立学校振興・共済事業団	287	—	—	287	313	600
独立行政法人日本学生支援機構	5,256	—	—	5,256	(1,200) 564	5,820
独立行政法人福祉医療機構	2,102	—	—	2,102	(200) 413	2,515
独立行政法人国立病院機構	660	—	—	660	125	785
国立研究開発法人国立成育医療研究センター	10	—	—	10	—	10
国立研究開発法人国立長寿医療研究センター	2	—	—	2	—	2
独立行政法人大学改革支援・学位授与機構	875	—	—	875	1	876
独立行政法人鉄道建設・運輸施設整備支援機構	651	20	—	671	(598) 2,009	2,680
独立行政法人住宅金融支援機構	263	—	2,400	2,663	(16,243) 16,464	19,127
独立行政法人都市再生機構	5,200	—	—	5,200	(1,200) 9,317	14,517
独立行政法人日本高速道路保有・債務返済機構	—	—	10,230	10,230	(2,500) 24,788	35,018

政 投 融 資 計 画

財政融資	産業投資	政府保証	合　計	自己資金等	再　計
			5　年　度	参　考	
8	—	—	8	103	111
83	—	—	83	15,292	15,375
1,185	—	—	1,185	641	1,826
60,687	288	—	60,975	(2,900) 26,380	87,355
1,994	70	—	2,064	(100) 384	2,448
9,810	900	9,010	19,720	(200) 6,780	26,500
10,431	—	2,255	12,686	(800) 6,254	18,940
13	—	—	13	17	30
272	—	—	272	303	575
5,881	—	—	5,881	(1,200) 69	5,950
2,642	—	—	2,642	(200) 533	3,175
286	—	—	286	74	360
9	—	—	9	—	9
2	—	—	2	—	2
758	—	—	758	(50) 46	804
439	12	—	451	(530) 1,937	2,388
307	—	2,200	2,507	(21,745) 21,909	24,416
5,000	—	—	5,000	(1,100) 8,856	13,856
—	—	12,530	12,530	(3,900) 26,214	38,744

機　関　名	財 政 融 資	産 業 投 資	政 府 保 証	合　　　計	参　　考	
					自己資金等	再　　　計
独立行政法人水資源機構	5	—	—	5	(105) 1,426	1,431
国立研究開発法人森林研究・整備機構	43	—	—	43	284	327
独立行政法人エネルギー・金属鉱物資源機構	4	848	—	852	1,037	1,889
（地方公共団体）						
地　方　公　共　団　体	23,258	—	—	23,258	68,933	92,191
（特　殊　会　社　等）						
株式会社脱炭素化支援機構	—	250	—	250	350	600
株式会社日本政策投資銀行	3,000	850	3,500	7,350	(6,500) 16,650	24,000
株式会社産業革新投資機構	—	800	—	800	5,300	6,100
一般財団法人民間都市開発推進機構	—	—	500	500	100	600
中部国際空港株式会社	—	—	235	235	(90) 173	408
株式会社民間資金等活用事業推進機構	—	—	500	500	300	800
株式会社海外需要開拓支援機構	—	90	—	90	200	290
株式会社海外交通・都市開発事業支援機構	—	299	626	925	30	955
株式会社海外通信・放送・郵便事業支援機構	—	360	240	600	—	600
合　　　　　計	102,868	4,747	25,761	133,376	(32,636)	

1　財政投融資計画の運用に当たっては、経済事情の変動等に応じ、国会の議決の範囲内で財政融資又は政府保証
2　「産業競争力強化法」(平25法98)の規定により、株式会社産業革新投資機構が、同法に規定する特定政府出資
　　残額は、株式会社産業革新投資機構に承継されるものとする。
(注) 1　「財政融資」、「産業投資」及び「政府保証」は、それぞれ「財政融資資金の長期運用に対する特別措置に関す
　　　　務保証である。
　　　2　「5年度」欄は、5年度当初計画額である。
　　　3　「自己資金等」欄の(　)書は、財投機関債(独立行政法人等が民間金融市場において個別に発行する政府保
　　　4　「参考」欄の計数は、それぞれ四捨五入によっている。

| 5　　年　　度 | | | | 参　　　考 | | |
財政融資	産業投資	政府保証	合　計	自己資金等	再	計
4	—	—	4	(100) 1,286		1,290
46	—		46	277		323
4	1,392	—	1,396	803		2,199
24,238	—	—	24,238	70,756		94,994
—	400	—	400	200		600
3,000	400	3,500	6,900	(6,400) 17,900		24,800
—	—	—	—	—		—
—	—	350	350	100		450
—	—	161	161	(97) 157		318
—	—	500	500	300		800
—	80	—	80	200		280
—	512	575	1,087	51		1,138
—	244	209	453	—		453
127,099	4,298	31,290	162,687	(39,322)		

を増額することができる。

会社の政府が保有する株式の全部を譲り受けた場合には、当該特定政府出資会社の計画

る法律」（昭48法7）第5条第2項第1号、第2号及び第3号に掲げる運用、投資及び債

証のない公募債券をいう。）の発行により調達する金額を内書したものである。

Ⅱ 令 和 6 年 度 財 政

	6 年 度(億円)	5 年 度(億円)
財 政 融 資	102,868	127,099
財 政 融 資 資 金	102,868	127,099
産 業 投 資	4,747	4,298
財 政 投 融 資 特 別 会 計 投 資 勘 定	4,747	4,298

(注) 1 5年度欄の金額は、当初計画額である。
   2 財政融資資金による上記の新たな貸付け及び既往の貸付けの継続に必要な財源として、6年度において、財政
     また、財政融資資金の資金繰りのため、財政融資資金証券3.5兆円の発行を予定している。

Ⅲ 令 和 6 年 度 財 政 投

区　　　　分	6　財政融資	年　産業投資	度　政府保証	合　　計
(1) 中 小 零 細 企 業	29,619	28	―	29,647
(2) 農 林 水 産 業	7,722	―	―	7,722
(3) 教　　　　育	8,234	―	―	8,234
(4) 福 祉 ・ 医 療	4,422	―	―	4,422
(5) 環　　　　境	682	250	―	932
(6) 産業・イノベーション	6,149	1,692	3,500	11,341
(7) 住　　　　宅	5,684	―	2,400	8,084
(8) 社 会 資 本	15,956	10	11,465	27,431
(9) 海 外 投 融 資 等	18,770	2,767	8,396	29,933
(10) そ の 他	5,630	―	―	5,630
合　　　計	102,868	4,747	25,761	133,376

(注) 本表は、「財政融資資金法」(昭26法100)第11条第2項に基づき5年12月21日に財政制度等審議会に提出

投 融 資 原 資 見 込

	6 年 度(億円)	5 年 度(億円)
政　　府　　保　　証	25,761	31,290
政 府 保 証 国 内 債	16,031	17,825
政 府 保 証 外 債	9,330	13,065
政 府 保 証 外 貨 借 入 金	400	400
合　　　　　　計	133,376	162,687

投融資特別会計国債 10.0 兆円（5 年度予算 12.0 兆円）の発行を予定している。

融 資 使 途 別 分 類 表

（単位　億円）

5	年	度	
財 政 融 資	産 業 投 資	政 府 保 証	合　　計
49,429	286	—	49,715
7,932	30	—	7,962
8,047	—	—	8,047
4,362	—	—	4,362
607	400	—	1,007
6,579	442	3,500	10,521
5,481	—	2,200	7,681
15,670	—	13,541	29,211
20,241	3,140	12,049	35,430
8,751	—	—	8,751
127,099	4,298	31,290	162,687

されたものである。

第2 運 用

1 特 別 会 計

（1） 食料安定供給特別会計

	6年度(億円)	5年度(億円)
財 政 投 融 資	7	8

この会計は、農業経営安定事業、食糧の需給及び価格の安定のために行う事業、農業再保険事業等、漁船再保険事業及び漁業共済保険事業に関する政府の経理を明確にすることを目的としている。

また、「土地改良法」（昭24法195）に基づく国営土地改良事業及び土地改良関係受託工事等に関する経理を行うため設けられた国営土地改良事業特別会計が20年度より一般会計に統合されたことに伴い、10年度以前に事業費の一部について借入金をもって財源とすることで新規着工した地区のうち19年度末までに工事が完了しなかった地区における事業（以下「未完了借入事業」という。）について、当該事業が完了するまでの間、借入金をもってその財源とすることができるよう、20年度から未完了借入事業の工事の全部が完了する年度までの間の経過措置として国営土地改良事業勘定が設けられている。

この会計において、財政投融資の対象となっているのは、「土地改良法」（昭24法195）に基づき国が行う土地改良事業のうち、未完了借入事業である。

6年度においては、未完了借入事業については、土地改良事業2地区の工事を施行することとし、総額76億円（5年度111億円）の事業費を計上している。

事業計画の内訳は、次のとおりである。

	6年度(億円)	5年度(億円)
土地改良事業費	30	47
土地改良事業工事諸費	5	8
国債整理基金特別会計へ繰入等	41	57
合　　　計	76	111

この計画に必要な資金として、財政投融資7億円を予定するほか、自己資金等69億円を見込んでいる。

資金調達の内訳は、次のとおりである。

	6年度(億円)	5年度(億円)
財 政 投 融 資	7	8
財政融資資金借入金	7	8
自 己 資 金 等	69	103
一般会計より受入	29	45
土地改良事業費負担金収入	39	57
雑 収 入 等	1	2
合　　　計	76	111

（2） エネルギー対策特別会計

	6年度(億円)	5年度(億円)
財 政 投 融 資	79	83

この会計は、燃料安定供給対策、エネルギー需給構造高度化対策、電源立地対策、電源利用対策、原子力安全規制対策及び原子力損害賠償支援対策の経理を明確にすることを目的としている。

この会計において、財政投融資の対象となっているのは、石油及び石油ガスに係る国家備蓄事業のうち、石油及び石油ガス国家備蓄基地施設の改良・更新工事等に必要な経費である。

6年度においては、国家石油備蓄基地に係る資本的支出として67億円、国家石油ガス備蓄基地に係る資本的支出として12億円、総額79億円の事業費を計上しており、このほか国家備蓄石油購入及び国家備蓄基地建設に係る借入金の償還等15,602億円を含め、総額15,681億円（5年度15,375億円）の事業費を計上している。

これに必要な資金として、財政投融資79億円を予定するほか、自己資金等15,602億円を見込んでいる。

資金調達の内訳は、次のとおりである。

	6年度(億円)	5年度(億円)
財 政 投 融 資	79	83
財政融資資金借入金	79	83
自 己 資 金 等	15,602	15,292

	6年度(億円)	5年度(億円)
石 油 証 券	13,425	13,115
民 間 借 入 金	2,177	2,177
合　　　　計	15,681	15,375

（3）　自動車安全特別会計（空港整備勘定）

	6年度(億円)	5年度(億円)
財 政 投 融 資	360	1,185

この会計は、自動車事故対策事業及び自動車検査登録等事務に関する政府の経理を明確にすること等を目的としている。

また、「特別会計に関する法律等の一部を改正する等の法律」（平25法76）に基づく社会資本整備事業特別会計の廃止に伴い、空港整備事業等に関する経理を26年度から借入金償還完了年度の末日までの間、空港整備勘定において行うこととしている。

この会計において、財政投融資の対象となっているのは、空港整備事業である。

6年度においては、東京国際空港（羽田）をはじめとする空港インフラ等の整備を実施することとし、総額1,948億円（5年度1,826億円）の事業費を計上している。

これに必要な資金として、財政投融資360億円を予定するほか、自己資金等1,588億円を見込んでいる。

資金調達の内訳は、次のとおりである。

	6年度(億円)	5年度(億円)
財 政 投 融 資	360	1,185
財政融資資金借入金	360	1,185
自 己 資 金 等	1,588	641
一般会計より受入	295	273
空港使用料収入等	1,293	368
合　　　　計	1,948	1,826

2　政 府 関 係 機 関

（1）　株式会社日本政策金融公庫

	6年度(億円)	5年度(億円)
財 政 投 融 資	40,075	60,975

この公庫は、一般の金融機関が行う金融を補完することを旨としつつ、国民一般、中小企業者及び農林水産業者の資金調達を支援するための金融の機能を担うとともに、内外の金融秩序の混乱又は大規模な災害、テロリズム若しくは感染症等による被害に対処するために必要な金融を行うほか、当該必要な金融が銀行その他の金融機関により迅速かつ円滑に行われることを可能とし、もって国民生活の向上に寄与することを目的としている。

また、「エネルギー環境適合製品の開発及び製造を行う事業の促進に関する法律」（平22法38）に基づく、エネルギー環境適合製品の開発事業等のうち、我が国産業活動の発達及び改善に特に資するものに必要な資金、「産業競争力強化法」（平25法98）に基づく、事業再編又は事業適応に必要な資金、「特定高度情報通信技術活用システムの開発供給及び導入の促進に関する法律」（令2法37）に基づく、特定高度情報通信技術活用システム等の開発供給等に必要な資金、「造船法」（昭25法129）に基づく、生産性向上のための基盤整備等に必要な資金、「海上運送法」（昭24法187）に基づく、競争力強化の観点からの高性能、高品質な船舶の導入に必要な資金並びに「経済施策を一体的に講ずることによる安全保障の確保の推進に関する法律」（令4法43）に基づく、特定重要物資等の安定供給確保のために必要な資金について、金融機関に対し、貸付けを行うことができることとされている。

（イ）　国民一般向け業務

	6年度(億円)	5年度(億円)
財 政 投 融 資	17,600	30,718

6年度においては、物価高等の影響により厳しい状況にある小規模事業者の資金繰り支援に万全を期すとともに、構造的賃上げの実現に向けた環境整備、創業・スタートアップ、事業承継等を支援するほか、東日本大震災等による被災小規模事業者等の経営安定等を図るため、必要とする資金需要に的確に対応することとし、普通貸付（小規模事業者経営改善資金貸付を除く。）の貸付規模として21,700億円（5年度40,230億円）を計上している。

また、小規模事業者の経営改善に資することや事業の持続的な発展を目的とする小規模事業者経営改善資金貸付については、その貸

付規模として 3,000 億円（5 年度 3,950 億円）を計上している。

次に、生活衛生資金貸付については、生活衛生関係営業者に対し、衛生施設の改善、近代化等に必要な資金の貸付け（小規模事業者の経営改善に資するための生活衛生関係営業経営改善資金特別貸付 55 億円を含む。）を行うため、貸付規模として 1,150 億円（5 年度 1,500 億円）を計上している。

このほか、教育資金貸付、恩給担保貸付等を合わせ、総額 27,660 億円（5 年度 47,490 億円）の貸付規模を計上している。

貸付計画の内訳は、次のとおりである。

	6 年度（億円）	5 年度（億円）
普 通 貸 付	24,700	44,180
小規模事業者経営改善資金貸付を除く普通貸付	21,700	40,230
小規模事業者経営改善資金貸付	3,000	3,950
生活衛生資金貸付	1,150	1,500
うち生活衛生関係営業経営改善資金特別貸付	(55)	(72)
恩 給 担 保 貸 付	9	9
記名国債担保貸付	1	1
教 育 資 金 貸 付	1,800	1,800
合　　　　計	27,660	47,490

この計画に必要な資金として、財政投融資 17,600 億円を予定するほか、自己資金等 10,060 億円を見込んでいる。

なお、自己資金等のうち、財投機関債として 1,700 億円を見込んでいる。

資金調達の内訳は、次のとおりである。

	6 年度（億円）	5 年度（億円）
財 政 投 融 資	17,600	30,718
財政融資資金借入金	17,600	30,700
財政投融資特別会計投資勘定出資金	―	18
自 己 資 金 等	10,060	16,772
財 投 機 関 債	1,700	1,700
回 収 金 等	8,360	15,072
合　　　　計	27,660	47,490

（ロ）　農林水産業者向け業務

	6 年度（億円）	5 年度（億円）
財 政 投 融 資	7,235	7,660

6 年度においては、スマート農業技術活用促進資金（仮称）を新設することにより、スマート農業技術の普及による農業の生産性の向上を後押しするほか、農業経営基盤強化資金において公庫資金の借換えを可能にし、農業者の前向きな経営改善の取組を支援するなど、農林水産業の生産性の向上を目的とした設備投資等への資金需要に的確に対応することとし、総額 7,440 億円（5 年度 8,190 億円）の貸付規模を計上している。

貸付計画（契約ベース）の内訳は、次のとおりである。

	6 年度（億円）	5 年度（億円）
経 営 構 造 改 善	4,751	4,405
基 盤 整 備	453	462
一 般 施 設	1,188	1,200
経 営 維 持 安 定	949	2,023
災　　　　害	100	100
合　　　　計	7,440	8,190

この計画のうち、6,771 億円が 6 年度中に貸し付けられる予定であり、これに 5 年度の計画のうち、6 年度に資金交付が行われる予定となっている 761 億円を加えると、6 年度の資金交付額は 7,532 億円（5 年度 7,900 億円）となる。

この資金交付に必要な資金として、財政投融資 7,235 億円を予定するほか、自己資金等 297 億円を見込んでいる。

なお、自己資金等のうち、財投機関債として 200 億円を見込んでいる。

資金調達の内訳は、次のとおりである。

	6 年度（億円）	5 年度（億円）
財 政 投 融 資	7,235	7,660
財政融資資金借入金	7,235	7,630
財政投融資特別会計投資勘定出資金	―	30
自 己 資 金 等	297	240
財 投 機 関 債	200	200
回 収 金 等	97	40
合　　　　計	7,532	7,900

（ハ）　中小企業者向け業務

	6年度(億円)	5年度(億円)
財 政 投 融 資	12,300	19,240

　6年度においては、物価高等の影響により厳しい状況にある中小企業の資金繰り支援に万全を期すとともに、構造的賃上げの実現に向けた環境整備、創業・スタートアップ、事業承継等を支援するほか、東日本大震災等による被災中小企業者等の経営安定等を図るため、必要とする資金需要に的確に対応することとし、融資事業の貸付規模として20,400億円(5年度27,400億円)を計上している。

　このほか、証券化支援買取事業については、民間金融機関の中小企業向け無担保融資等を促進するための事業規模700億円(5年度500億円)を計上し、融資事業と合わせ、総額21,100億円(5年度27,900億円)の事業規模を計上している。

　事業計画の内訳は、次のとおりである。

	6年度(億円)	5年度(億円)
公 庫 貸 付	20,400	27,400
証券化支援買取事業	700	500
合　　　　計	21,100	27,900

　この計画のうち、融資事業の貸付規模20,400億円に、証券化支援買取事業に必要な資金284億円(5年度208億円)を加えると、6年度の資金交付額は20,684億円(5年度27,608億円)となる。

　この資金交付に必要な資金として、財政投融資12,300億円を予定するほか、自己資金等8,384億円を見込んでいる。

　なお、自己資金等のうち、財投機関債として1,000億円を見込んでいる。

　資金調達の内訳は、次のとおりである。

	6年度(億円)	5年度(億円)
財 政 投 融 資	12,300	19,240
財政融資資金借入金	12,300	19,000
財政投融資特別会計投資勘定出資金	―	240
自 己 資 金 等	8,384	8,368
財 投 機 関 債	1,000	1,000
回 収 金 等	7,384	7,368
合　　　　計	20,684	27,608

（ニ）　危機対応円滑化業務

	6年度(億円)	5年度(億円)
財 政 投 融 資	990	990

　6年度においては、内外の金融秩序の混乱又は大規模な災害、テロリズム若しくは感染症等による被害に対処するために必要な金融が、銀行その他の金融機関により迅速かつ円滑に行われるよう、必要とする資金需要に的確に対応することとし、貸付規模として1,990億円(5年度1,990億円)を計上している。

　このうち、通常災害等向けとして990億円を計上するとともに、セーフティネット機能を補完するため、1,000億円を確保することにより、大規模な災害等の資金需要に十分な対応をすることとしている。

　これに必要な資金として、財政投融資990億円を予定するほか、自己資金等1,000億円を見込んでいる。

　資金調達の内訳は、次のとおりである。

	6年度(億円)	5年度(億円)
財 政 投 融 資	990	990
財政融資資金借入金	990	990
自 己 資 金 等	1,000	1,000
回 収 金 等	1,000	1,000
合　　　　計	1,990	1,990

（ホ）　特定事業等促進円滑化業務

	6年度(億円)	5年度(億円)
財 政 投 融 資	1,950	2,367

　6年度においては、エネルギー環境適合製品を開発又は製造する事業のうち我が国産業活動の発達及び改善に特に資するもの、事業再編又は事業適応の実施、特定高度情報通信技術活用システム等の開発供給等、造船事業者等による生産性向上のための基盤整備等の実施、船舶運航事業者等による競争力強化の観点からの高性能、高品質な船舶の導入並びに特定重要物資等の安定供給確保のために必要な資金の貸付けが、銀行その他の金融機関により円滑に行われるよう、必要とする資金需要に的確に対応することとし、1,950億円(5年度2,367億円)の貸付規模を計上してい

る。

これに必要な資金として、財政投融資
1,950億円を予定している。

資金調達の内訳は、次のとおりである。

	6年度(億円)	5年度(億円)
財 政 投 融 資	1,950	2,367
財政融資資金借入金	1,950	2,367

（2） 沖縄振興開発金融公庫

	6年度(億円)	5年度(億円)
財 政 投 融 資	2,016	2,064

この公庫は、沖縄における産業の開発を促進
するため、長期資金を供給すること等により、
一般の金融機関が行う金融及び民間の投資を補
完し、又は奨励するとともに、沖縄の国民大
衆、住宅を必要とする者、農林漁業者、中小企
業者、病院その他の医療施設を開設する者、生
活衛生関係の営業者等に対する資金で、一般の
金融機関が供給することを困難とするものを供
給し、もって沖縄における経済の振興及び社会
の開発に資することを目的としている。

6年度においては、物価高等の影響により厳
しい状況にある中小企業等の資金繰り支援に万
全を期すとともに、構造的賃上げの実現に向け
た環境整備、創業・スタートアップ、事業承継
等を支援するほか、「沖縄振興特別措置法」（平
14法14)等に基づく沖縄の自立的発展に向けた
政策金融の取組を推進し、産業基盤整備、リー
ディング産業支援、中小企業等の振興、新たな
産業の創出、子どもの貧困対策など沖縄振興策
と一体となった円滑な資金供給を実施するた
め、産業開発資金760億円、中小企業等資金
1,000億円、住宅資金50億円、農林漁業資金
80億円及び医療・生活衛生資金160億円の貸
付並びに37億円の出資の総額2,087億円（5年
度2,332億円）の出融資規模を計上している。

事業計画（契約ベース）の内訳は、次のとおり
である。

	6年度(億円)	5年度(億円)
貸 付	2,050	2,295
産 業 開 発 資 金	760	1,000
中 小 企 業 等 資 金	1,000	1,000
住 宅 資 金	50	50
農 林 漁 業 資 金	80	85
医療・生活衛生資金	160	160
出 資	37	37
合 計	2,087	2,332

この計画のうち、1,678億円が6年度中に貸
し付けられ、37億円が出資される予定であり、
これに4年度及び5年度の計画のうち、6年度
に資金交付が行われる予定になっている548億
円を加えると、6年度の資金交付額は2,263億
円（5年度2,448億円）となる。

この資金交付に必要な資金として、財政投融
資2,016億円を予定するほか、自己資金等247
億円を見込んでいる。

なお、自己資金等のうち、財投機関債として
100億円を見込んでいる。

資金調達の内訳は、次のとおりである。

	6年度(億円)	5年度(億円)
財 政 投 融 資	2,016	2,064
財政融資資金借入金	1,946	1,994
財政投融資特別会計投資勘定出資金	70	70
自 己 資 金 等	247	384
財 投 機 関 債	100	100
沖縄振興開発金融公庫住宅宅地債券	8	7
回 収 金 等	139	277
合 計	2,263	2,448

（3） 株式会社国際協力銀行

	6年度(億円)	5年度(億円)
財 政 投 融 資	11,040	19,720

この銀行は、一般の金融機関が行う金融を補
完することを旨としつつ、我が国にとって重要
な資源の海外における開発及び取得を促進し、
我が国の産業の国際競争力の維持及び向上を図
り、並びに地球温暖化の防止等の地球環境の保
全を目的とする海外における事業を促進するた
めの金融の機能を担うとともに、国際金融秩序
の混乱の防止又はその被害への対処に必要な金
融を行い、もって我が国及び国際経済社会の健
全な発展に寄与することを目的としている。

6年度においては、「株式会社国際協力銀行

法」(平23法39)の改正による業務拡充を踏まえ、我が国産業の国際競争力の維持・向上に資するサプライチェーン強靱化、スタートアップ企業を含む日本企業の更なるリスクテイクにつながる取組を支援すること等とし、総額28,600億円(5年度26,500億円)の事業規模を計上している。

事業計画の内訳は、次のとおりである。

	6年度(億円)	5年度(億円)
一 般 業 務	27,000	25,000
輸 出	3,000	3,000
輸 入 ・ 投 資	18,000	16,000
事 業 開 発 等	4,500	4,500
出 資	1,500	1,500
特 別 業 務	1,600	1,500
輸 出	330	430
輸 入 ・ 投 資	900	750
事 業 開 発 等	70	70
出 資	300	250
合 計	28,600	26,500

この計画に必要な資金として、財政投融資11,040億円を予定するほか、自己資金等17,560億円を見込んでいる。

なお、自己資金等のうち、財投機関債として200億円を見込んでいる。

資金調達の内訳は、次のとおりである。

	6年度(億円)	5年度(億円)
財 政 投 融 資	11,040	19,720
財政融資資金借入金	4,000	9,810
財政投融資特別会計投資勘定出資金	1,160	900
政 府 保 証 外 債	5,480	8,610
政府保証外貨借入金	400	400
自 己 資 金 等	17,560	6,780
財 投 機 関 債	200	200
回 収 金 等	17,360	6,580
合 計	28,600	26,500

(注) 5年度において、財政投融資3,000億円の追加を行った。

(4) 独立行政法人国際協力機構

	6年度(億円)	5年度(億円)
財 政 投 融 資	16,420	12,686

この機構は、開発途上にある海外の地域(以下「開発途上地域」という。)に対する技術協力の実施、有償及び無償の資金供与による協力の実施並びに開発途上地域の住民を対象とする国民等の協力活動の促進に必要な業務等を行い、もってこれらの地域の経済及び社会の開発若しくは復興又は経済の安定に寄与することを通じて、国際協力の促進並びに我が国及び国際経済社会の健全な発展に資することを目的としている。

この機構において、財政投融資の対象となっているのは、開発途上地域の政府等に対して有償の資金供与による協力の実施等を行う有償資金協力業務である。

6年度においては、円借款及び海外投融資の戦略的活用等を図ることとし、総額22,800億円(5年度18,940億円)の出融資規模を計上している。

事業計画の内訳は、次のとおりである。

	6年度(億円)	5年度(億円)
直 接 借 款	21,500	17,685
海 外 投 融 資	1,300	1,255
合 計	22,800	18,940

この計画に必要な資金として、財政投融資16,420億円を予定するほか、自己資金等6,380億円を見込んでいる。

なお、自己資金等のうち、財投機関債として800億円を見込んでいる。

資金調達の内訳は、次のとおりである。

	6年度(億円)	5年度(億円)
財 政 投 融 資	16,420	12,686
財政融資資金借入金	14,770	10,431
政 府 保 証 外 債	1,650	2,255
自 己 資 金 等	6,380	6,254
財 投 機 関 債	800	800
一 般 会 計 出 資 金	485	478
回 収 金 等	5,095	4,976
合 計	22,800	18,940

(注) 5年度において、財政投融資4,060億円の追加を行った。

3 独立行政法人等

(1) 全国土地改良事業団体連合会

	6年度(億円)	5年度(億円)
財 政 投 融 資	15	13

この連合会は、土地改良事業を行う者の協同組織により、土地改良事業の適切かつ効率的な運営を確保し、及びその共同の利益を増進することを目的としている。

この連合会において、財政投融資の対象となっているのは、「土地改良法」(昭24法195)に基づき実施する都道府県土地改良事業団体連合会への資金交付事業のうち、土地改良区等が土地改良施設維持管理適正化事業として実施する小規模な防災重点農業用ため池、用排水路、用排水機等の土地改良施設に係る防災・減災、省エネ化・再エネ利用及び省力化に向けた整備を推進する防災減災機能等強化事業に充てるための資金交付事業である。

6年度においては、土地改良区等が防災減災機能等強化事業として実施する小規模な防災重点農業用ため池及び用排水路等の施設整備、用排水機場のエネルギー効率を高めるためのポンプ及び施設の遠隔監視・制御のためのICT機器や水管理システム等の設備整備を推進することとし、32億円(5年度30億円)の事業費を計上している。

これに必要な資金として、財政投融資15億円を予定するほか、自己資金等17億円を見込んでいる。

資金調達の内訳は、次のとおりである。

	6年度(億円)	5年度(億円)
財 政 投 融 資	15	13
財政融資資金借入金	15	13
自 己 資 金 等	17	17
一般会計補助金	14	15
そ　の　他	2	2
合　　　　計	32	30

(2)　日本私立学校振興・共済事業団

	6年度(億円)	5年度(億円)
財 政 投 融 資	287	272

この事業団は、私立学校の教育の充実及び向上並びにその経営の安定並びに私立学校教職員の福利厚生を図るため、補助金の交付、資金の貸付けその他私立学校教育に対する援助に必要

な業務を総合的かつ効率的に行うとともに、「私立学校教職員共済法」(昭28法245)の規定による共済制度を運営し、もって私立学校教育の振興に資することを目的としている。

この事業団において、財政投融資の対象となっているのは、私立学校の施設の充実及び経営の安定を図るための施設整備等に必要な資金の貸付けを行う事業である。

6年度においては、老朽施設の建替えやデジタル・グリーン等の成長分野をけん引する高度専門人材の育成に向けた大学の学部再編など、私立学校の施設整備等に必要な資金需要に的確に対応することとし、総額600億円(5年度575億円)の貸付規模を計上している。

貸付計画の内訳は、次のとおりである。

	6年度(億円)	5年度(億円)
一 般 施 設 費	325	403
教育環境整備費	100	102
災害・公害対策費	4	4
特 別 施 設 費	171	66
合　　　　計	600	575

この計画に必要な資金として、財政投融資287億円を予定するほか、自己資金等313億円を見込んでいる。

資金調達の内訳は、次のとおりである。

	6年度(億円)	5年度(億円)
財 政 投 融 資	287	272
財政融資資金借入金	287	272
自 己 資 金 等	313	303
厚生年金勘定より借入	197	193
回 収 金 等	116	110
合　　　　計	600	575

(3)　独立行政法人日本学生支援機構

	6年度(億円)	5年度(億円)
財 政 投 融 資	5,256	5,881

この機構は、教育の機会均等に寄与するために学資の貸与及び支給その他学生等の修学の援助を行い、大学等が学生等に対して行う修学、進路選択その他の事項に関する相談及び指導について支援を行うとともに、留学生交流の推進を図るための事業を行うことにより、我が国の大学等において学ぶ学生等に対する適切な修学

の環境を整備し、もって次代の社会を担う豊かな人間性を備えた創造的な人材の育成に資するとともに、国際相互理解の増進に寄与することを目的としている。

　この機構において、財政投融資の対象となっているのは、有利子貸与事業である。

　6年度においては、進学意欲のある学生等に対し、貸付規模として所要の額を確保することとし、大学、短期大学、高等専門学校、大学院及び専修学校専門課程の学生等を対象に、総額5,820億円（5年度5,950億円）の貸付規模を計上している。

　これに必要な資金として、財政投融資5,256億円を予定するほか、自己資金等564億円を見込んでいる。

　なお、自己資金等のうち、財投機関債として1,200億円を見込んでいる。

　資金調達の内訳は、次のとおりである。

	6年度(億円)	5年度(億円)
財 政 投 融 資	5,256	5,881
財政融資資金借入金	5,256	5,881
自 己 資 金 等	564	69
財 投 機 関 債	1,200	1,200
民 間 借 入 金	2,321	1,510
借 入 金 償 還 等	△ 2,957	△ 2,642
合 　 計	5,820	5,950

（4）　独立行政法人福祉医療機構

	6年度(億円)	5年度(億円)
財 政 投 融 資	2,102	2,642

　この機構は、社会福祉事業施設及び病院、診療所等の設置等に必要な資金の融通並びにこれらの施設に関する経営指導、社会福祉事業に関する必要な助成、社会福祉施設職員等退職手当共済制度の運営、心身障害者扶養保険事業等を行い、もって福祉の増進並びに医療の普及及び向上を図ることを目的としている。

　この機構において、財政投融資の対象となっているのは、社会福祉事業施設の設置等に必要な資金の融通（福祉貸付）及び病院、診療所、介護老人保健施設等の設置等に必要な資金の融通（医療貸付）を行う事業である。

　6年度においては、福祉医療サービスの基盤

強化の観点から、児童福祉施設、老人福祉施設及び医療関連施設の整備等の資金需要に的確に対応することとし、総額2,454億円（5年度3,301億円）の貸付規模を計上している。

　貸付計画（契約ベース）の内訳は、次のとおりである。

	6年度(億円)	5年度(億円)
福 祉 貸 付	1,317	1,888
医 療 貸 付	1,137	1,413
合 　 計	2,454	3,301

　この計画のうち、2,052億円が6年度中に貸し付けられる予定であり、これに4年度及び5年度の計画のうち、6年度に資金交付が行われる予定となっている463億円を加えると、6年度の資金交付額は2,515億円（5年度3,175億円）となる。

　この資金交付に必要な資金として、財政投融資2,102億円を予定するほか、自己資金等413億円を見込んでいる。

　なお、自己資金等のうち、財投機関債として200億円を見込んでいる。

　資金調達の内訳は、次のとおりである。

	6年度(億円)	5年度(億円)
財 政 投 融 資	2,102	2,642
財政融資資金借入金	2,102	2,642
自 己 資 金 等	413	533
財 投 機 関 債	200	200
回 収 金 等	213	333
合 　 計	2,515	3,175

（5）　独立行政法人国立病院機構

	6年度(億円)	5年度(億円)
財 政 投 融 資	660	286

　この機構は、医療の提供、医療に関する調査及び研究並びに技術者の研修等の業務を行うことにより、国民の健康に重大な影響のある疾病に関する医療その他の医療であって、国の医療政策として機構が担うべきものの向上を図り、もって公衆衛生の向上及び増進に寄与することを目的としている。

　この機構において、財政投融資の対象となっているのは、施設又は設備の設置等に必要な施設整備費のうち、当該施設又は設備に係る収入

により、長期借入金等の償還見込みがある施設整備費である。

　6年度においては、老朽建替整備、医療機械の充実等のための事業を推進することとし、総額785億円（5年度360億円）の事業費を計上している。

　事業計画の内訳は、次のとおりである。

	6年度(億円)	5年度(億円)
施 設 整 備 費	162	74
設 備 整 備 費	623	286
合　　　　計	785	360

　この計画に必要な資金として、財政投融資660億円を予定するほか、自己資金等125億円を見込んでいる。

　資金調達の内訳は、次のとおりである。

	6年度(億円)	5年度(億円)
財 政 投 融 資	660	286
財政融資資金借入金	660	286
自 己 資 金 等	125	74
業 務 収 入 等	125	74
合　　　　計	785	360

（6）　国立研究開発法人国立成育医療研究センター

	6年度(億円)	5年度(億円)
財 政 投 融 資	10	9

　このセンターは、母性及び父性並びに乳児及び幼児の難治疾患、生殖器疾患その他の疾患であって、児童が健やかに生まれ、かつ、成育するために特に治療を必要とするもの（以下「成育に係る疾患」という。）に係る医療に関し、調査、研究及び技術の開発並びにこれらの業務に密接に関連する医療の提供、技術者の研修等を行うことにより、国の医療政策として、成育に係る疾患に関する高度かつ専門的な医療の向上を図り、もって公衆衛生の向上及び増進に寄与することを目的としている。

　このセンターにおいて、財政投融資の対象となっているのは、施設又は設備の設置等に必要な施設整備費のうち、当該施設又は設備に係る収入により、長期借入金等の償還見込みがある施設整備費である。

　6年度においては、病院の施設の整備等を推進することとし、総額10億円（5年度9億円）の事業費を計上している。

　事業計画の内訳は、次のとおりである。

	6年度(億円)	5年度(億円)
施 設 整 備 費	5	4
設 備 整 備 費	5	5
合　　　　計	10	9

　この計画に必要な資金として、財政投融資10億円を予定している。

　資金調達の内訳は、次のとおりである。

	6年度(億円)	5年度(億円)
財 政 投 融 資	10	9
財政融資資金借入金	10	9

（7）　国立研究開発法人国立長寿医療研究センター

	6年度(億円)	5年度(億円)
財 政 投 融 資	2	2

　このセンターは、加齢に伴って生ずる心身の変化及びそれに起因する疾患であって高齢者が自立した日常生活を営むために特に治療を必要とするもの（以下「加齢に伴う疾患」という。）に係る医療に関し、調査、研究及び技術の開発並びにこれらの業務に密接に関連する医療の提供、技術者の研修等を行うことにより、国の医療政策として、加齢に伴う疾患に関する高度かつ専門的な医療の向上を図り、もって公衆衛生の向上及び増進に寄与することを目的としている。

　このセンターにおいて、財政投融資の対象となっているのは、施設又は設備の設置等に必要な施設整備費のうち、当該施設又は設備に係る収入により、長期借入金等の償還見込みがある施設整備費である。

　6年度においては、病院の設備の整備を推進することとし、2億円（5年度2億円）の事業費を計上している。

　これに必要な資金として、財政投融資2億円を予定している。

　資金調達の内訳は、次のとおりである。

	6年度(億円)	5年度(億円)
財 政 投 融 資	2	2

	6年度(億円)	5年度(億円)
財政融資資金借入金	2	2

（8） 独立行政法人大学改革支援・学位授与機構

	6年度(億円)	5年度(億円)
財 政 投 融 資	875	758

　この機構は、大学等の教育研究活動の状況についての評価等を行うことにより、その教育研究水準の向上を図るとともに、国立大学法人等の施設の整備等に必要な資金の貸付け及び交付を行うことにより、その教育研究環境の整備充実を図り、あわせて、「学校教育法」（昭22法26）第104条第7項の規定による学位の授与を行うことにより、高等教育の段階における多様な学習の成果が適切に評価される社会の実現を図り、もって我が国の高等教育の発展に資することを目的としている。このほか、文部科学大臣が定める基本指針に基づいて学部等の設置その他組織の変更に関する助成金の交付を行うことにより、中長期的な人材の育成の観点から特に支援が必要と認められる分野における教育研究活動の展開を促進し、もって我が国社会の発展に寄与することを目的としている。

　この機構において、財政投融資の対象となっているのは、国立大学附属病院の施設の整備等に必要な資金の貸付けを行う事業である。

　6年度においては、国立大学附属病院の施設の整備等に必要な資金需要に的確に対応することとし、総額876億円（5年度804億円）の貸付規模を計上している。

　貸付計画の内訳は、次のとおりである。

	6年度(億円)	5年度(億円)
施 設 整 備 費	536	572
設 備 整 備 費	340	232
合　　　計	876	804

　この計画に必要な資金として、財政投融資875億円を予定するほか、自己資金等1億円を見込んでいる。

　資金調達の内訳は、次のとおりである。

	6年度(億円)	5年度(億円)
財 政 投 融 資	875	758
財政融資資金借入金	875	758
自 己 資 金 等	1	46
財 投 機 関 債	—	50
回 収 金 等	1	△ 4
合　　　計	876	804

（9） 独立行政法人鉄道建設・運輸施設整備支援機構

	6年度(億円)	5年度(億円)
財 政 投 融 資	671	451

　この機構は、鉄道の建設等に関する業務及び鉄道事業者、海上運送事業者等による運輸施設の整備を促進するための助成その他の支援に関する業務を総合的かつ効率的に行うことにより、輸送に対する国民の需要の高度化、多様化等に的確に対応した大量輸送機関を基幹とする輸送体系の確立並びにこれによる地域の振興並びに大都市の機能の維持及び増進を図り、もって国民経済の健全な発展と国民生活の向上に寄与することを目的としている。

　この機構において、財政投融資の対象となっているのは、鉄道建設等事業のうち民鉄線の建設に係る事業及び海外業務に係る事業に加え、船舶共有建造事業並びに地域公共交通出資等事業である。

　6年度においては、鉄道建設等事業については、海外の高速鉄道に関する調査、測量、設計、工事管理、試験及び研究を実施する者に対する出資を行うこととし、10億円（5年度12億円）を計上しており、このほか、管理費、業務外支出等1,985億円を含め、総額1,995億円（5年度1,909億円）の事業費を計上している。

　また、船舶共有建造事業については、中小企業が大半である内航海運事業者による良質な船舶建造等を促進することとし、総額329億円（5年度318億円）の事業費を計上している。

　このほか、地域公共交通出資等事業については、都市鉄道融資として地域公共交通利便増進事業に位置付けられた都市鉄道の整備を支援することとし、132億円（5年度77億円）の事業費を計上しているほか、地域公共交通融資として道路運送高度化事業等に位置付けられた交通DX・交通GXに関する事業を支援することとし、102億円（5年度63億円）の事業費を計上

している。さらに、「流通業務の総合化及び効率化の促進に関する法律」（平 17 法 85）の改正による物流出融資（仮称）として、流通業務総合効率化事業を支援することとし、122 億円（5年度 20 億円）の事業費を計上している。

事業計画の内訳は、次のとおりである。

	6 年度(億円)	5 年度(億円)
鉄道建設等事業	1,995	1,909
管理費、業務外支出等	1,985	1,897
海 外 業 務	10	12
出 資	10	12
船舶共有建造事業	329	318
旅 客 船 建 造 費	106	132
貨 物 船 建 造 費	223	187
地域公共交通出資等事業	356	160
都 市 鉄 道 融 資	132	77
物流出融資（仮称）	122	20
地域公共交通融資	102	63
合 計	2,680	2,388

この計画に必要な資金として、財政投融資 671 億円を予定するほか、自己資金等 2,009 億円を見込んでいる。

なお、自己資金等のうち、財投機関債として 598 億円を見込んでいる。

資金調達の内訳は、次のとおりである。

	6 年度(億円)	5 年度(億円)
財 政 投 融 資	671	451
財政融資資金借入金	651	439
財政投融資特別会計投資勘定出資金	20	12
自 己 資 金 等	2,009	1,937
財 投 機 関 債	598	530
民 間 借 入 金	219	207
そ の 他	1,192	1,200
合 計	2,680	2,388

（注） 5 年度において、財政投融資 200 億円の追加を行った。

(10) 独立行政法人住宅金融支援機構

	6 年度(億円)	5 年度(億円)
財 政 投 融 資	2,663	2,507

この機構は、一般の金融機関による住宅の建設等に必要な資金の融通を支援するための貸付債権の譲受け等の業務等を行うほか、一般の金融機関による融通を補完するための災害復興建築物の建設等に必要な資金の貸付けの業務を行うことにより、住宅の建設等に必要な資金の円滑かつ効率的な融通を図り、もって国民生活の安定と社会福祉の増進に寄与することを目的としている。

この機構において、財政投融資の対象となっているのは、証券化支援事業並びに住宅資金融通事業のうち災害復興住宅融資及び災害予防系融資である。

6 年度においては、証券化支援事業については、民間金融機関による長期・固定金利の住宅ローンの支援・補完を目的とし、17,750 億円（5年度 21,440 億円）の事業規模を計上している。また、住宅資金融通事業については、政策的に重要であり民間では対応が困難な分野に限定することとし、1,917 億円（5 年度 1,980 億円）の貸付規模を計上している。このうち、災害復興住宅融資については、東日本大震災により被害を受けた住宅の円滑な再建等にも資するため、252 億円（5 年度 282 億円）の貸付けを予定している。

事業計画（契約ベース）の内訳は、次のとおりである。

	6 年度(億円)	5 年度(億円)
証券化支援事業（買取型）	17,750	21,440
住宅資金融通事業	1,917	1,980
災 害 等	261	300
災害復興住宅	252	282
災害予防等	9	18
省 エ ネ 改 良	30	30
賃 貸 住 宅	1,080	1,080
密集市街地建替等	540	550
財 形 住 宅	6	20
合 計	19,667	23,420

（注） 東日本大震災に係る災害復興住宅の事業計画額 21 億円は、災害復興住宅の事業計画額の中に含まれている。

この証券化支援事業の計画のうち、15,337 億

円が6年度中に支払われる予定であり、これに5年度の計画のうち、6年度に支払われる予定となっている1,979億円を加えると、6年度の支払額は17,316億円(5年度22,503億円)となる。また、住宅資金融通事業の計画のうち、606億円が6年度中に貸し付けられる予定であり、これに4年度及び5年度の計画のうち、6年度に資金交付が行われる予定となっている1,205億円を加えると、6年度の資金交付額は1,812億円(5年度1,913億円)となる。

この資金交付等に必要な資金として、財政投融資2,663億円を予定するほか、自己資金等16,464億円を見込んでいる。

なお、自己資金等のうち、財投機関債として16,243億円を見込んでいる。

資金調達の内訳は、次のとおりである。

	6年度(億円)	5年度(億円)
財 政 投 融 資	2,663	2,507
財政融資資金借入金	263	307
政府保証国内債	2,400	2,200
自 己 資 金 等	16,464	21,909
財 投 機 関 債	16,243	21,745
回 収 金 等	221	164
合　　　　計	19,127	24,416

(注)　5年度において、財政投融資100億円の追加を行った。

(11)　独立行政法人都市再生機構

	6年度(億円)	5年度(億円)
財 政 投 融 資	5,200	5,000

この機構は、機能的な都市活動及び豊かな都市生活を営む基盤の整備が社会経済情勢の変化に対応して十分に行われていない大都市及び地域社会の中心となる都市において、市街地の整備改善及び賃貸住宅の供給の支援に関する業務を行うことにより、社会経済情勢の変化に対応した都市機能の高度化及び居住環境の向上を通じてこれらの都市の再生を図るとともに、都市基盤整備公団から承継した賃貸住宅等の管理等に関する業務を行うことにより、良好な居住環境を備えた賃貸住宅の安定的な確保を図り、もって都市の健全な発展と国民生活の安定向上に寄与することを目的としている。

6年度においては、都市再生事業として、大都市地域等の都市構造の再編等を目的とする都市機能更新事業、四大都市圏等の既成市街地における細分化土地や不整形地等の有効活用を図るための土地有効利用事業、大都市地域の既成市街地等において防災公園と周辺市街地の整備改善を一体的に行い都市の構造的な防災機能の強化を図るための防災公園街区整備事業並びに民間事業者による実施が困難な都市再生支援のための住宅の建設や良好な居住環境の形成等を図るため大都市圏の既成市街地等において住宅市街地の整備及び市街地再開発事業等を行う居住環境整備事業を実施することとしている。

また、賃貸住宅事業として、老朽化した賃貸住宅の建替え及び既存賃貸住宅ストックの有効活用を図るための増改築事業等を推進することとしている。

このほか、震災復興事業として、引き続き東日本大震災からの復興支援を行うこととし、総額1,498億円(5年度1,433億円)の事業費を計上している。

事業計画(契約ベース)の内訳は、次のとおりである。

	6年度(億円)	5年度(億円)
都 市 再 生 事 業	868	871
賃 貸 住 宅 事 業	626	558
震 災 復 興 事 業	4	4
合　　　　計	1,498	1,433

この計画のうち、1,136億円が6年度中に支出される予定であり、これに3年度から5年度の計画のうち、6年度に支出が行われる予定である741億円を加えると、6年度の支出は1,876億円になる。さらに、管理・業務費、借入金及び債券償還等12,641億円を加えると、6年度の支出総額は14,517億円(5年度13,856億円)となる。

この支出に必要な資金として、財政投融資5,200億円を予定するほか、自己資金等9,317億円を見込んでいる。

なお、自己資金等のうち、財投機関債として1,200億円を見込んでいる。

資金調達の内訳は、次のとおりである。

	6年度(億円)	5年度(億円)
財 政 投 融 資	5,200	5,000
財政融資資金借入金	5,200	5,000
自 己 資 金 等	9,317	8,856
財 投 機 関 債	1,200	1,100
民 間 借 入 金	100	100
そ の 他	8,017	7,656
合 計	14,517	13,856

（12） 独立行政法人日本高速道路保有・債務返済機構

	6年度(億円)	5年度(億円)
財 政 投 融 資	10,230	12,530

この機構は、高速道路に係る道路資産の保有並びに東日本高速道路株式会社、首都高速道路株式会社、中日本高速道路株式会社、西日本高速道路株式会社、阪神高速道路株式会社及び本州四国連絡高速道路株式会社（以下「会社」と総称する。）に対する貸付け、承継債務その他の高速道路の新設、改築等に係る債務の早期の確実な返済等の業務を行うことにより、高速道路に係る国民負担の軽減を図るとともに、会社による高速道路に関する事業の円滑な実施を支援することを目的としている。

6年度においては、承継債務の円滑な償還・利払い等を実施するため、債務返済費32,816億円を含め、総額35,018億円（5年度38,744億円）の支出を予定している。

支出の内訳は、次のとおりである。

	6年度(億円)	5年度(億円)
債 務 返 済 費	32,816	36,166
無 利 子 貸 付 金	47	57
一 般 管 理 費	13	13
そ の 他	2,142	2,508
合 計	35,018	38,744

この支出等に必要な資金として、財政投融資10,230億円を予定するほか、自己資金等24,788億円を見込んでいる。

なお、自己資金等のうち、財投機関債として2,500億円を見込んでいる。

資金調達の内訳は、次のとおりである。

	6年度(億円)	5年度(億円)
財 政 投 融 資	10,230	12,530
政 府 保 証 国 内 債	10,230	12,530
自 己 資 金 等	24,788	26,214

	6年度(億円)	5年度(億円)
財 投 機 関 債	2,500	3,900
政 府 出 資 金	0	0
地方公共団体出資金	0	0
業 務 収 入	22,554	20,663
債 務 返 済 準 備 金	—	3,092
そ の 他	△ 267	△ 1,441
合 計	35,018	38,744

（13） 独立行政法人水資源機構

	6年度(億円)	5年度(億円)
財 政 投 融 資	5	4

この機構は、「水資源開発促進法」（昭36法217）の規定による水資源開発基本計画に基づく水資源の開発又は利用のための施設の改築等及び水資源開発施設等の管理等を行うことにより、産業の発展及び人口の集中に伴い用水を必要とする地域に対する水の安定的な供給の確保を図ることを目的としている。

6年度においては、利根川、淀川、筑後川、木曽川、吉野川、荒川及び豊川の各水系の水資源開発のため、ダム、用水路建設等の事業を行うこととし、総額1,431億円（5年度1,290億円）の事業費を計上している。

事業計画の内訳は、次のとおりである。

	6年度(億円)	5年度(億円)
ダム等建設事業費	413	319
用水路等建設事業費	124	143
そ の 他	894	828
合 計	1,431	1,290

この計画に必要な資金として、財政投融資5億円を予定するほか、自己資金等1,426億円を見込んでいる。

なお、自己資金等のうち、財投機関債として105億円を見込んでいる。

資金調達の内訳は、次のとおりである。

	6年度(億円)	5年度(億円)
財 政 投 融 資	5	4
財政融資資金借入金	5	4
自 己 資 金 等	1,426	1,286
財 投 機 関 債	105	100
一 般 会 計 交 付 金	393	381
一 般 会 計 補 助 金	134	133

	6年度(億円)	5年度(億円)
地方公共団体及び利水者負担金	315	314
その他	479	359
合計	1,431	1,290

（14） 国立研究開発法人森林研究・整備機構

	6年度(億円)	5年度(億円)
財政投融資	43	46

　この機構は、森林及び林業に関する試験及び研究、林木の優良な種苗の生産及び配布、水源をかん養するための森林の造成等を行うことにより、森林の保続培養を図るとともに、林業に関する技術の向上に寄与し、もって林業の振興と森林の有する公益的機能の維持増進に資することを目的としている。

　この機構において、財政投融資の対象となっているのは、水源をかん養するために行う水源林造成事業である。

　6年度においては、水源林造成事業を行うこととし、327億円（5年度323億円）の事業費を計上している。

　これに必要な資金として、財政投融資43億円を予定するほか、自己資金等284億円を見込んでいる。

　資金調達の内訳は、次のとおりである。

	6年度(億円)	5年度(億円)
財政投融資	43	46
財政融資資金借入金	43	46
自己資金等	284	277
一般会計出資金	91	95
一般会計補助金	162	157
東日本大震災復興特別会計補助金	2	2
その他	29	22
合計	327	323

（15） 独立行政法人エネルギー・金属鉱物資源機構

	6年度(億円)	5年度(億円)
財政投融資	852	1,396

　この機構は、石油及び可燃性天然ガス（以下「石油等」という。）の探鉱等、石炭の探鉱、水素の製造等、地熱の探査並びに金属鉱物の探鉱等に必要な資金の供給並びに風力の利用に必要な風の状況の調査その他石油及び可燃性天然ガス資源、石炭資源、水素資源、地熱資源、風力資源並びに金属鉱物資源の開発を促進するために必要な業務並びに石油及び金属鉱産物の備蓄に必要な業務を行い、もって石油等、石炭、水素、地熱、風力及び金属鉱産物の安定的かつ低廉な供給に資するとともに、金属鉱業等による鉱害の防止に必要な資金の貸付けその他の業務を行い、もって国民の健康の保護及び生活環境の保全並びに金属鉱業等の健全な発展に寄与することを目的としている。

　この機構において、財政投融資の対象となっているのは、天然ガスの開発等に係る出資事業、石炭及び地熱の探鉱等に係る出資事業及び開発に係る債務保証事業、水素等の製造等に係る出資・債務保証事業、二酸化炭素の貯蔵に係る出資・債務保証事業、金属鉱物の探鉱に係る出融資事業及び開発に係る出資・債務保証事業、共同石油備蓄会社に対する石油の備蓄の増強のための施設の設置に必要な資金の貸付事業並びに金属鉱業等による鉱害を防止するために必要な鉱害防止資金及び鉱害負担金資金の貸付事業である。

　6年度においては、資源の安定供給を確保する観点から、我が国企業の天然ガス及び金属鉱物に係る探鉱・開発事業等に対して出融資及び債務保証による支援等を行うこととし、総額1,889億円（5年度2,199億円）の事業費を計上している。

　事業計画の内訳は、次のとおりである。

	6年度(億円)	5年度(億円)
共同石油備蓄施設整備融資	1	1
天然ガス業務	798	1,270
資産・企業買収出資	707	1,020
開発・液化出資	91	250
地熱業務	—	5
探査出資	—	5
金属鉱物業務	1,087	920
希少金属備蓄事業費	912	770
国内探鉱融資	7	7
海外探鉱出融資	8	7

	6 年度(億円)	5 年度(億円)
海外開発資金出資	160	136
鉱害防止融資	3	3
合　　　計	1,889	2,199

　この計画に必要な資金として、財政投融資852 億円を予定するほか、自己資金等 1,037 億円を見込んでいる。

　資金調達の内訳は、次のとおりである。

	6 年度(億円)	5 年度(億円)
財 政 投 融 資	852	1,396
財政融資資金借入金	4	4
財政投融資特別会計投資勘定出資金	848	1,392
自 己 資 金 等	1,037	803
回 収 金 等	1,037	803
合　　　計	1,889	2,199

4　地方公共団体

　6 年度の地方債計画は、引き続き厳しい地方財政の状況の下で、地方財源の不足に対処するための措置を講じ、また、地方公共団体が緊急に実施する防災・減災対策、公共施設等の適正管理、地域の脱炭素化、こども・子育て支援、地域の活性化への取組等を着実に推進できるよう、所要の地方債資金の確保を図ることとして策定され、総額は 92,191 億円(5 年度 94,994 億円)となっている。このうち、東日本大震災への対応として、公営住宅建設事業等の復旧・復興事業のため、7 億円(5 年度 13 億円)を計上している。

　地方債計画の主な内容は次のとおりである。

　(28 頁付表令和 6 年度地方債計画参照)

　一般会計債についてみると、その総額は57,071 億円(5 年度 56,694 億円)となっている。国庫補助事業や地域の実情に即した地方単独事業の実施等により、社会資本の整備を着実に推進することとし、所要額を確保している。

　公営企業債については、その総額は 29,776 億円(5 年度 27,554 億円)となっている。上下水道、交通、病院等、住民生活に密接に関連した社会資本について、地方公営企業による整備を着実に推進することとし、所要額を確保して

いる。

　通常収支に係る地方財源の不足に対処するため、「地方財政法」(昭 23 法 109)第 5 条の特例となる臨時財政対策債 4,544 億円(5 年度 9,946 億円)を計上している。

　財政投融資は、社会資本整備や災害復旧を中心に必要な資金需要に的確に対応することとしている。

　6 年度においては、防災・減災に資する事業や更新時期を迎える公共施設等の効果的な改修・更新事業等に対応するなど、財政投融資23,258 億円(5 年度 24,238 億円)を予定している。

　なお、地方債計画の資金の内訳は、次のとおりである。

	6 年度(億円)	5 年度(億円)
財 政 融 資 資 金	23,258	24,238
地 方 公 共 団 体金 融 機 構 資 金	16,157	16,419
公 的 資 金 合 計	39,415	40,657
市 場 公 募	33,100	34,100
銀 行 等 引 受	19,676	20,237
民間等資金合計	52,776	54,337
合　　　計	92,191	94,994

(注)　5 年度において、財政投融資 9,014 億円の追加を行った。

5　特　殊　会　社　等

(1)　株式会社脱炭素化支援機構

	6 年度(億円)	5 年度(億円)
財 政 投 融 資	250	400

　この機構は、温室効果ガスの排出の量の削減等を行う事業活動(他の者の温室効果ガスの排出の量の削減等に寄与する事業活動を含む。)及び当該事業活動を支援する事業活動に対し、資金供給その他の支援を行うことにより、地球温暖化の防止と我が国の経済社会の発展の統合的な推進を図りつつ脱炭素社会の実現に寄与することを目的としている。

　6 年度においては、カーボンニュートラルの実現に欠かせない民間による自発的な事業活動をあらゆる分野で誘発するため、脱炭素化に資する事業活動への資金供給を的確に行うこととし、600 億円(5 年度 600 億円)の事業規模を計

上している。

これに必要な資金として、財政投融資 250 億円を予定するほか、自己資金等 350 億円を見込んでいる。

資金調達の内訳は、次のとおりである。

	6 年度(億円)	5 年度(億円)
財 政 投 融 資	250	400
財政投融資特別会計投資勘定出資金	250	400
自 己 資 金 等	350	200
合　　計	600	600

（2）　株式会社日本政策投資銀行

	6 年度(億円)	5 年度(億円)
財 政 投 融 資	7,350	6,900

この銀行は、その完全民営化の実現に向けて経営の自主性を確保しつつ、出資と融資を一体的に行う手法その他高度な金融上の手法を用いた業務を営むことにより長期の事業資金に係る投融資機能の根幹を維持し、もって長期の事業資金を必要とする者に対する資金供給の円滑化及び金融機能の高度化に寄与することを目的としている。

6 年度においては、インフラ事業や製造業を中心に、民間資金だけでは十分な対応が困難な長期資金を供給するとともに、特定投資業務においては、サプライチェーン強靱化・インフラ高度化やＧＸ、スタートアップ等に資する企業の競争力強化や地域活性化の実現に向けた資本性資金を供給することとし、総額 24,000 億円（5 年度 24,800 億円）の出融資規模を計上している。

これに必要な資金として、財政投融資 7,350 億円を予定するほか、自己資金等 16,650 億円を見込んでいる。

なお、自己資金等のうち、財投機関債として 6,500 億円を見込んでいる。

資金調達の内訳は、次のとおりである。

	6 年度(億円)	5 年度(億円)
財 政 投 融 資	7,350	6,900
財政融資資金借入金	3,000	3,000
財政投融資特別会計投資勘定出資金	850	400
政 府 保 証 国 内 債	1,300	1,300
政 府 保 証 外 債	2,200	2,200
自 己 資 金 等	16,650	17,900
財 投 機 関 債	6,500	6,400
民 間 借 入 金	2,800	2,800
回 収 金 等	7,350	8,700
合　　計	24,000	24,800

(注)　1　「株式会社日本政策投資銀行法」（平 19 法 85）に基づき、完全民営化までの移行期間内に限り財政融資資金借入を行うことができることとされている。

　　　2　5 年度において、財政投融資 1,500 億円の追加を行った。

（3）　株式会社産業革新投資機構

	6 年度(億円)	5 年度(億円)
財 政 投 融 資	800	—

この機構は、最近における産業構造及び国際的な競争条件の変化に我が国産業が的確に対応するためには、自らの経営資源以外の経営資源の有効な活用を通じた産業活動の革新(オープン・イノベーション)が重要となっていること及びその業務が民間投資の拡大に寄与することに鑑み、特定投資事業者及び特定事業活動に対し投資をはじめとする資金供給その他の支援等を行うことにより、我が国において特定事業活動を推進することを目的としている。

6 年度においては、国内外のベンチャーや事業再編等におけるオープン・イノベーションを促進するために必要な資金を供給することとし、6,100 億円の事業規模を計上している。

これに必要な資金として、財政投融資 800 億円を予定するほか、自己資金等 5,300 億円を見込んでいる。

資金調達の内訳は、次のとおりである。

	6 年度(億円)	5 年度(億円)
財 政 投 融 資	800	—
財政投融資特別会計投資勘定出資金	800	—
自 己 資 金 等	5,300	—
合　　計	6,100	—

（4）　一般財団法人民間都市開発推進機構

	6 年度(億円)	5 年度(億円)
財 政 投 融 資	500	350

この機構は、「民間都市開発の推進に関する特別措置法」(昭62法62)に基づき指定された民間都市開発推進機構であり、民間都市開発事業の推進を目的とするものである。

この機構において、財政投融資の対象となっているのは、「都市再生特別措置法」(平14法22)に基づく都市再生緊急整備地域等における優良な都市開発プロジェクトの事業化を促進するため、特に民間では調達が困難なミドルリスク資金供給の円滑化を図ることを目的として実施するメザニン支援業務である。

6 年度においては、メザニン支援業務として、民間都市再生事業計画の認定を受けた者(以下「認定事業者」という。)等に対する貸付け又は認定事業者等が発行する社債の取得を実施することとし、総額600億円(5年度450億円)の事業規模を計上している。

これに必要な資金として、財政投融資500億円を予定するほか、自己資金等100億円を見込んでいる。

資金調達の内訳は、次のとおりである。

	6 年度(億円)	5 年度(億円)
財 政 投 融 資	500	350
政府保証国内債	500	350
自 己 資 金 等	100	100
合　　　　計	600	450

(5)　中部国際空港株式会社

	6 年度(億円)	5 年度(億円)
財 政 投 融 資	235	161

この会社は、「中部国際空港の設置及び管理に関する法律」(平10法36)に基づき指定された法人であり、中部国際空港の設置及び管理を行うこと等を目的としている。

6 年度においては、空港建設事業に係る債務の円滑な償還及び現滑走路の大規模補修を速やかに実施するための代替滑走路の整備等を実施するため、総額408億円(5年度318億円)の支出を予定している。

これに必要な資金として、財政投融資235億円を予定するほか、自己資金等173億円を見込

んでいる。

なお、自己資金等のうち、財投機関債として90億円を見込んでいる。

資金調達の内訳は、次のとおりである。

	6 年度(億円)	5 年度(億円)
財 政 投 融 資	235	161
政府保証国内債	235	161
自 己 資 金 等	173	157
財 投 機 関 債	90	97
そ　の　他	83	60
合　　　　計	408	318

(6)　株式会社民間資金等活用事業推進機構

	6 年度(億円)	5 年度(億円)
財 政 投 融 資	500	500

この機構は、国及び地方公共団体の厳しい財政状況を踏まえつつ、我が国経済の成長の促進に寄与する観点から、公共施設等の整備等における民間の資金、経営能力及び技術的能力の活用が一層重要となっていることに鑑み、選定事業であって、利用料金を徴収する公共施設等の整備等を行い、利用料金を自らの収入として収受するもの(以下「特定選定事業」という。)等を実施する者に対し、金融機関が行う金融及び民間の投資を補完するための資金の供給を行うことにより、特定選定事業に係る資金を調達することができる資本市場の整備を促進すること等を目的としている。

6 年度においては、地域におけるPFI事業を積極的に推進することとし、総額800億円(5年度800億円)の出融資規模を計上している。

これに必要な資金として、財政投融資500億円を予定するほか、自己資金等300億円を見込んでいる。

資金調達の内訳は、次のとおりである。

	6 年度(億円)	5 年度(億円)
財 政 投 融 資	500	500
政府保証国内債	500	500
自 己 資 金 等	300	300
合　　　　計	800	800

(7)　株式会社海外需要開拓支援機構

	6 年度(億円)	5 年度(億円)
財 政 投 融 資	90	80

この機構は、我が国の生活文化の特色を生かした魅力ある商品又は役務の海外における需要の開拓を行う事業活動及び当該事業活動を支援する事業活動（以下「対象事業活動」という。）に対し資金供給その他の支援等を行うことにより、対象事業活動の促進を図り、もって当該商品又は役務の海外における需要及び供給の拡大を通じて我が国経済の持続的な成長に資することを目的としている。

6年度においては、クールジャパンの推進に取り組む事業者を支援するため、対象事業活動に対する資金供給を行うこととし、290億円（5年度280億円）の事業規模を計上している。

これに必要な資金として、財政投融資90億円を予定するほか、自己資金等200億円を見込んでいる。

資金調達の内訳は、次のとおりである。

	6年度(億円)	5年度(億円)
財 政 投 融 資	90	80
財政投融資特別会計投資勘定出資金	90	80
自 己 資 金 等	200	200
合　　　　計	290	280

（8）　株式会社海外交通・都市開発事業支援機構

	6年度(億円)	5年度(億円)
財 政 投 融 資	925	1,087

この機構は、海外における交通事業及び都市開発事業について、当該市場の継続的な成長発展が見込まれる一方で、これらの事業が投資の回収に相当期間を要するとともに事業環境の変化により収益の発生に不確実な要素を有していることを踏まえつつ、我が国に蓄積された知識、技術及び経験を活用して海外においてこれらの事業を行う者等に対し資金の供給、専門家の派遣その他の支援を行うことにより、我が国事業者の当該市場への参入の促進を図り、もって我が国経済の持続的な成長に寄与することを目的としている。

6年度においては、海外の道路の整備・運営や都市開発等に係る出資を行うこととし、955億円（5年度1,138億円）の事業規模を計上している。

これに必要な資金として、財政投融資925億円を予定するほか、自己資金等30億円を見込んでいる。

資金調達の内訳は、次のとおりである。

	6年度(億円)	5年度(億円)
財 政 投 融 資	925	1,087
財政投融資特別会計投資勘定出資金	299	512
政府保証国内債	626	575
自 己 資 金 等	30	51
合　　　　計	955	1,138

（9）　株式会社海外通信・放送・郵便事業支援機構

	6年度(億円)	5年度(億円)
財 政 投 融 資	600	453

この機構は、我が国の事業者に蓄積された知識、技術及び経験を活用して海外において通信・放送・郵便事業を行う者等に対し資金供給その他の支援を行うことにより、我が国及び海外における通信・放送・郵便事業に共通する需要の拡大を通じ、当該需要に応ずる我が国の事業者の収益性の向上等を図り、もって我が国経済の持続的な成長に寄与することを目的としている。

6年度においては、海外のデジタルインフラの整備・運営やICTサービス事業等に係る出資を行うこととし、600億円（5年度453億円）の事業規模を計上している。

これに必要な資金として、財政投融資600億円を予定している。

資金調達の内訳は、次のとおりである。

	6年度(億円)	5年度(億円)
財 政 投 融 資	600	453
財政投融資特別会計投資勘定出資金	360	244
政府保証国内債	240	209
合　　　　計	600	453

付表　令和6年度地方債計画

（単位　億円）

項　　目	6年度計画	5年度計画
一　一 般 会 計 債		
1　公 共 事 業 等	15,794	15,889
2　公営住宅建設事業	1,083	1,097
3　災 害 復 旧 事 業	1,120	1,127
4　教育・福祉施設等整備事業	4,813	4,108
(1) 学校教育施設等	2,119	1,682
(2) 社 会 福 祉 施 設	365	367
(3) 一 般 廃 棄 物 処 理	1,254	981
(4) 一 般 補 助 施 設 等	538	541
(5) 施設(一般財源化分)	537	537
5　一 般 単 独 事 業	26,846	27,388
(1) 一　　　　　般	2,494	2,486
(2) 地 域 活 性 化	690	690
(3) 防 災 対 策	871	871
(4) 地 方 道 路 等	3,221	3,221
(5) 旧 合 併 特 例	3,800	4,800
(6) 緊 急 防 災・減 災	5,000	5,000
(7) 公共施設等適正管理	4,320	4,320
(8) 緊急自然災害防止対策	4,000	4,000
(9) 緊 急 浚 渫 推 進	1,100	1,100
(10) 脱 炭 素 化 推 進	900	900
(11) こども・子育て支援	450	—
6　辺地及び過疎対策事業	6,270	5,940
(1) 辺 地 対 策	570	540
(2) 過 疎 対 策	5,700	5,400
7　公共用地先行取得等事業	345	345
8　行 政 改 革 推 進	700	700
9　調　　　　　整	100	100
計	57,071	56,694
二　公 営 企 業 債		
1　水 道 事 業	6,360	6,038
2　工 業 用 水 道 事 業	392	297
3　交 通 事 業	1,763	1,719
4　電気事業・ガス事業	241	333
5　港 湾 整 備 事 業	577	619
6　病院事業・介護サービス事業	4,981	4,598
7　市場事業・と畜場事業	386	287
8　地 域 開 発 事 業	1,290	919
9　下 水 道 事 業	13,686	12,649
10　観 光 そ の 他 事 業	100	95
計	29,776	27,554
合　　計	86,847	84,248
三　臨 時 財 政 対 策 債	4,544	9,946
四　退 職 手 当 債	800	800
五　国の予算等貸付金債	(351)	(266)
総　　計	(351)	(266)
	92,191	94,994
普 通 会 計 分	63,105	68,172
公営企業会計等分	29,086	26,822
（資金区分）		
公 的 資 金	39,415	40,657
財 政 融 資 資 金	23,258	24,238
地方公共団体金融機構資金	16,157	16,419
（国の予算等貸付金）	(351)	(266)
民 間 等 資 金	52,776	54,337
市 場 公 募	33,100	34,100
銀 行 等 引 受	19,676	20,237

その他同意等の見込まれる項目
1　防災・減災、国土強靱化のための5か年加速化対策事業に係る地方負担額に対して発行する防災・減災・国土強靱化緊急対策事業債
2　地方税等の減収が生じることとなる場合において発行する減収補塡債
3　財政再生団体が発行する再生振替特例債
4　資金区分の変更等を行う場合において発行する借換債
5　東日本大震災復興特別会計予算に係る国庫支出金を受けて事業を実施する場合に発行する一般補助施設整備等事業債
6　東日本大震災復興特別会計予算に係る国庫支出金を受けて事業を実施する場合に発行する公営企業債
7　公営企業の事業区分において発行する震災減収対策企業債

（備考）
　国の予算等貸付金債の（　）書は、災害援護資金貸付金などの国の予算等に基づく貸付金を財源とするものであって外書である。

令和6年度予算及び財政投融資計画の説明

令和6年1月26日発行　定価は表紙に表示してあります。

編　集　財　務　省　主　計　局
　　　　　　　　　　理　財　局

　　　　〒　100-8940
　　　　東京都千代田区霞が関3-1-1
　　　　電　話（03）3581-4111

発　行　第　一　企　画　株　式　会　社

　　　　〒　380-0803
　　　　長野県長野市三輪一丁目16-17
　　　　電　話（026）256-6360

　　　　　　　　　落丁、乱丁はおとりかえします。

ISBN 978-4-902676-40-2

ISBN978-4-902676-40-2

C0033 ¥1200E

定価：1,320円
（本体1,200円＋税10%）

第一企画株式会社

9784902676402

1920033012001